中国如斯

中国民俗

赵红梅 ◎ 著

首都经济贸易大学出版社
·北京·

图书在版编目（CIP）数据

中国民俗 / 赵红梅著. —— 北京：首都经济贸易大学出版社，2024.11
ISBN 978-7-5638-3536-2

Ⅰ.①中… Ⅱ.①赵… Ⅲ.①风俗习惯—中国—通俗读物 Ⅳ.①K892-49

中国国家版本馆CIP数据核字（2023）第114524号

中国民俗
赵红梅　著
ZhongGuo MinSu

责任编辑	薛晓红
封面设计	砚祥志远·激光照排　TEL：010-65976003
出版发行	首都经济贸易大学出版社
地　　址	北京市朝阳区红庙（邮编100026）
电　　话	（010）65976483　65065761　65071505（传真）
网　　址	http：//www.sjmcb.cueb.edu.cn
经　　销	全国新华书店
照　　排	北京砚祥志远激光照排技术有限公司
印　　刷	唐山玺诚印务有限公司
成品尺寸	170毫米×240毫米　1/16
字　　数	119千字
印　　张	12.25
版　　次	2024年11月第1版
印　　次	2024年11月第1次印刷
书　　号	ISBN 978-7-5638-3536-2
定　　价	48.00元

图书印装若有质量问题，本社负责调换
版权所有　侵权必究

"中国如斯"丛书编委会

主　编　任定成

副主编　谢忠强

编　委（以姓氏笔画为序）
　　　　　王志峰　任定成　张　玮　张利萍
　　　　　赵瑞林　侯红霞　谢忠强

弁言

中国与世界早已连为一体。世界各国跟中国打交道，就得了解中国。更为重要的是，中国人要发展自己，更得加深对于自身国情的了解。毛泽东早就说过，"认清中国的国情，乃是认清一切革命问题的基本的根据"。不仅如此，中国革命胜利后70余年的历史告诉我们，认清一切中国建设和发展问题，其基本根据仍然是认清中国国情。

对任何事物的认识都包括事实判断和价值判断两个方面。其中，前者是最基本的，后者建立在前者的基础之上。遗憾的是，目前涉及中国国情的读物，多是断语式的价值判断（重复诠释官媒观点），或者碎片式的事实呈现（自媒体的随意表达）。前者过于宏阔，后者则过于琐碎，在宏观和微观之间缺乏中观层面的描述，以至于中国人不认识中国，甚至有学者断言中国人需要在外国才能认识中国。

编辑这套"中国如斯"丛书的目的，就是希望弥补中观层面中国国情系列读物的不足，分专题向读者展示中国社会、中国文化和中华民族的方方面面。我期待作者们以原始文献为据，整合学界既有研究成果，呈现事实，准确系统地讲好中国故事，把判断和思考留给读者。

我也期待学界和读书界对这套丛书的选题和写法提出批评建议，通过读者和编者之间的互动，把这套书编好、写好。

任定成
2023年11月25日
北京百望山下

前言

　　文化是一个国家、一个民族的灵魂。文化传统被称为一个国家和民族的胎记，是一个国家民族得以延续的精神基因。文化自信，是更基础、更广泛、更深厚的自信。我国5 000多年的文明绵延不断、经久不衰，孕育出了优秀的中华传统文化，形成了具有独特价值体系、文化内涵和精神品质的民俗文化。

　　中华优秀传统文化是中华民族的精神命脉，是我们在世界文化激荡中站稳脚跟的坚实根基。在漫长的生产和生活过程中，中国独特的地理形态和自然环境、经济发展和生产方式、特定的社会制度和社会组织影响形成的中国民俗，呈现出多样性与整体性、稳定性与变异性、神秘性与实用性的特点。如今，面对西方文化的不断涌入，如何在时代发展中不断传承我们的传统文明，如何让中国民俗能够在守正创新中得到更多人的认同且能充满活力地创新发展，是值得我们认真思考的问题。

　　本书是一本了解民俗、开拓视野、丰富生活的文化读物，从节日民俗、日常生活民俗、禁忌民俗、岁时民俗、游艺民俗、人生礼仪六个方面展示了中华民族多姿多彩的民俗风情。读者可以在轻松阅读的同时，真正了解到中国民俗的悠久历史和文化意蕴。

　　为了更好地展现中国民俗文化的丰富多彩，本书在查阅大量历史文献资料的基础上，根据现代读者的阅读习惯引用了生动活泼的历史典故和传说，浅显易懂，使阅读体验更加轻松活泼。同时配以

多幅精美的插图，便于读者对中国民俗文化有一个更加直观形象的了解。书中还设置了知识卡片对文本内容进行补充，使读者在学习中国民俗文化的同时，也了解相应的历史背景、相关人物和事件，正文与知识卡片相得益彰，全面立体地呈现了中国民俗文化的深厚历史底蕴。

本书的排版设计简约大方，更好地将中国民俗文化与现代审美完美地融合在一起，加上科学简明的体例、丰富精美的图片和流畅生动的文字等，多种元素相辅相成，使读者深入感受到了中国民俗文化的意义。通过阅读本书，可以深刻地感受到中国人民的自信、乐观、朴实、勤劳和智慧；通过阅读本书，读者可以在与历史的交流中，了解中国民俗的发展过程和文化底蕴；通过阅读本书，可以增强文化自信心和文化自豪感，从新视角、新层面看待中国民俗、感受中国民俗、思考中国民俗。

目 录

绪　论　中国民俗是什么？/ 1

　　一、民俗是什么？/ 2

　　二、中国民俗有什么特征？/ 3

　　三、中国民俗可以分为哪几类？/ 5

第一章　怎么过中国节？/ 9

　　一、春节——中国最大的家人团圆盛会 / 10

　　二、清明节——慎终追远、礼敬祖先 / 21

　　三、端午节——天人合一，社会和谐 / 25

　　四、中秋赏月——话团圆、庆丰收 / 32

第二章　宴席文化知多少？/ 39

　　一、"座"文化 / 40

　　二、中国符号——筷子 / 44

　　三、无酒不成席 / 50

第三章　中国数字的爱与恶 / 65

　　一、传统文化中十个基本数的含义是什么？/ 68

　　二、哪些数字在中国受欢迎？/ 86

　　三、哪些数字在中国是禁忌？/ 91

第四章　中国的第五大发明 / 95

　　一、二十四节气是阳历、阴历还是农历？ / 96

　　二、"四时八节"与民俗礼仪 / 98

　　三、星座与节气？ / 120

　　四、二十四节气与养生 / 124

第五章　运筹帷幄之中国棋艺 / 129

　　一、中国象棋 / 130

　　二、中国围棋 / 136

　　三、中国麻将 / 141

第六章　中国婚俗你了解吗？ / 151

　　一、中式婚礼应有哪些传统婚俗？ / 152

　　二、中国部分少数民族传统婚俗 / 162

参考文献 / 177

绪 论
中国民俗是什么?

中国民俗

过春节为什么要吃饺子?正月十五为什么要"闹"元宵?吃饭为什么要用筷子?买房子为什么不买"14"层?为什么要"春捂秋冻"?为什么会"一着不慎,满盘皆输"……这些都是中国人生活中最自然而然的行为状态,一些看不到摸不着的"讲究"悄悄地影响和规范着人们日常的衣食住行和待人接物。这些"讲究"就是民俗。中华民族历史悠久、源远流长,在漫长的历史发展进程中,不仅形成了博大精深的民族文化,而且孕育出了丰富多彩、弥足珍贵的民俗文化,形成了独特的民俗习惯。那什么是民俗?中国民俗有哪些特征和种类?

一、民俗是什么?

对于民俗的定义,学界一直有不同的观点。佘志超认为,民俗一般是指广泛流传于民间的各种风俗和习惯,是老百姓日常生活中眼见可及、耳闻有声、触之有形的文化形式。[①] 柯玲认为,民俗文化是特定的国家或地区的民众群体,在改造自然、发展自己的实践活动中,创造、选择或凝聚、升华而成的程式化的不成文的规矩,是一种在民众中自行传承或流传的、模式化的、生动活泼的生活文化。[②] 陈勤建则认为,民俗就是社会民众中传承性的生活文化。[③] 民俗究竟是什么?笔者认为,民俗是人类所特有的一种文化现象,是由

[①] 佘志超. 细说中国民俗(图文版)[M]. 北京:光明日报出版社,2009:5.
[②] 柯玲. 中国民俗文化(第二版)[M]. 北京:北京大学出版社,2017:2-3.
[③] 陈勤建. 中国民俗学[M]. 上海:上海人民出版社,2017:26.

绪 论 中国民俗是什么？

一定国家或地区的民众在长期的生产和生活中形成的、独特的思想文化，是国家文化或民族文化的重要组成部分。

二、中国民俗有什么特征？

每一种民俗文化的形成，都在这个民族所处的独特的地理形态和自然环境的制约下，受到一定经济和生产方式、特定的社会制度和社会组织的影响。黑格尔曾说过："民族的宗教、民族的政体、民族的伦理、民族的立法、民族的风俗，甚至民族的科学、艺术和机械的技术，都是具有民族精神的标记。这些特殊的特质要从那个共同的特质，即一个民族特殊的原则来了解，就像反过来要从历史上记载的事实细节来找出那种特殊性共同的东西一样。"[1]"传统的中国基本上是一个古老的农业社会，具有一个封闭性的经济体系"[2]，这种以农耕为主的生产方式和以家族伦理为中心的社会构成，形成了具有"中国特色"的中国民俗，它不仅具有民俗文化的一般特性，同时也体现出了特定的民族特色和地域特色。

（一）多样性与整体性

中国是一个多民族国家，在56个民族相互融合的发展过程中，各民族在一定程度上保留了各自的民俗特性，丰富了中国民俗的内容。中国民俗的多样性不仅体现在各民族有不同的民俗，还体现在不同历史阶段和不同地域的民俗的共存上。不同民族、不同历史阶段和不同地域的民俗在发展过程中都会不同程度地融入中华民族文化体系中，正是这些民俗文化的交融发展，使得中华文化历经数

---

[1] 黑格尔. 历史哲学[M]. 北京：商务印刷馆，1973：104-105.
[2] 陈勤建. 中国民俗学[M]. 上海：上海人民出版社，2017：114.

千年而不衰，中国民俗也体现了整体的特性。中国民俗的整体性让中国人在情感表达、行为举止、饮食爱好等诸多方面都体现出与其他国家和民族迥然不同的风格。

（二）稳定性与变异性

与中国文化历史悠久的特点一脉相承，中国很多民俗已经流传了好几百年甚至上千年，有一定的稳定性。在几千年的农业社会发展过程中，中国虽然经历了王朝的更迭，但农业社会的基础没有发生动摇，一以贯之的宗法社会的性质没有发生改变，围绕农耕社会形成的民俗也相对得以传承。例如，中国端午节的很多习俗在先秦和两汉时期就已经定型，今天的端午节，中国人依然有吃粽子、划龙舟、挂艾草等习俗，历经2 000多年的发展一直延续至今，影响着人们的行为和意识，经久不息，世代传承。民俗在传承中也会发生变异，会随着环境的改变、时代的变迁、人们内心需要的不同而不断演变。

（三）神秘性与实用性

中国民俗的一大特征就是神秘性与实用性。源远流长、古拙质朴的中国民俗显示了其神秘的特性。在中国传统社会里，民众的实用目的大都靠神秘的民俗行为来实现，不少民俗就是古人在迷惑不解、高深莫测的境况中形成的，从一开始就渗透着民众怪诞的心理因素。随着佛教、道教在民间的传播、影响和被接受，中国民俗更加蒙上了神秘的色彩。例如，由于古人对星月的崇拜，就有了"秋分"（二十四节气之一）祭月的民俗。祭月作为中秋节重要的祭礼之一，从古代延续并逐渐演化为民间的赏月、颂月活动。实用性是中国民俗最本质的特点，民俗本身就是为了适应民众生活和生产实践而产生的一种文化现象。民众依赖特定的民俗开展生产活动，规范人们的行为，满足人们的精神需求。二十四节气准确反映了自然节律的变化，指导着农耕生产的时节体系，在人们的日常生活中发挥了极为重要的作用。

三、中国民俗可以分为哪几类？

民俗事象纷繁复杂，涉及的领域非常广泛，从社会基础的经济活动到相应的社会关系，再到上层建筑的各种制度和意识形态，大都附有一定的民俗行为及有关的心理活动。随着人类社会的发展，民俗涉及的范围仍然在不断拓展，笔者认为，目前中国的民俗可以分为以下几类。

（一）生产劳动民俗

生产劳动民俗是在各种物质生产活动中产生和遵循的民俗，这类民俗伴随着物质生产的进行，多方面地反映着人们的民俗观念，在历史上对保证生产的顺利进行有一定的作用。生产劳动民俗又可以分为农业民俗、手工业民俗、服务业民俗等。

（二）日常生活民俗

日常生活民俗包括服饰民俗、饮食民俗、居住民俗、出行民俗等，它最先以满足人的生理需要为目的。随着社会发展和社会分工的复杂化，等级、身份的严格化，生产条件的差异，人生礼仪的繁复，重大历史事件的作用，以及宗教信仰、审美观点、政治观念、社会心理的差异等，各民族的日常生活民俗也日益多样化、复杂化，它所满足的除了生理需要，还包含安全的需要、归属的需要和自我实现的需要等更高层次的需要。

(三) 社会组织民俗

社会组织民俗是指在中国传统社会中，民间形成的关系相对稳定的社会共同体，如家族、行会或某些结社组织内部一系列约定俗成的行为习惯或者行为规范。传统社会中，社会组织民俗主要存在三种形式：血缘组织民俗、地缘组织民俗、会社组织民俗。

(四) 岁时节日民俗

岁时节日主要是指与天时、物候的周期性转换互相适应，在人们的社会生活中约定俗成的、具有某种风俗活动内容的特定时日。节日的形成与发展经历了十分漫长的历史，在这期间形成的节日民俗，不仅记载着我们祖先对自然运动规律的认识与把握，也显现出各个不同历史时期的社会、经济、科技发展的水平，同时也反映了我国民众张弛有度、应时而作的自然生活节奏。我国的岁时节日民俗有鲜明的农业文化特色，可以分为春季节日民俗、夏季节日民俗、秋季节日民俗、冬季节日民俗。

(五) 人生礼仪民俗

人生礼仪是指在人生中几个重要的年龄或者时间段所举办的具有一定仪式的行为过程，主要包括诞生礼、成年礼、婚礼和葬礼。人生礼仪的决定因素不只是民众个人年龄的变化，还有在生命过程中的不同阶段，比如生育、家庭、宗教等社会制度对个人地位的规定和角色认可，也是一定社会文化对个人人格塑造的要求。因此，人生礼仪是个体生命社会化需要经历的程序和阶段性标志。比如，给小孩摆满月酒席不只是庆贺孩子的诞生，更是小孩与家里的亲朋好友相见，让他被社会接纳。

（六）游艺民俗

游艺民俗是一种以消遣休闲、调剂身心为主要目的，而又有一定模式的民俗活动，它是人类在具备基本物质生存条件的基础上，为满足精神的需要而进行的文化活动。从简单易行、随意性较强的游戏，到竞技精巧、有严格规则的竞技；从因时因地、自由灵便的戏耍到配合各种特殊需要的综合表演，都属于游艺民俗。

（七）民间观念

民间观念是指在民间社会中自发产生的一套神灵崇拜观念。它主要作用于民众的意识形态领域，其中比较有代表性的是禁忌、俗信和民间诸神。

（八）民间文学

民间文学是由劳动人民口头创作的，产生于人民群众中又在广大人民群众中流传，主要反映人民群众的生活和思想感情的，体现他们的审美观念和艺术情绪的创作活动。其中主要有神话、传说、民间说唱和民间戏曲等形式。

中国各种民俗在人类社会发展过程中彼此渗透，共同对人们的生产和生活进行规范和约束。本书选取节日民俗、日常生活民俗、禁忌民俗、岁时民俗、游艺民俗以及人生礼仪中有"中国特色"的内容来展现中国的民俗文化。

第一章
怎么过中国节？

中国民俗

中国传统节日形式多样、内容丰富，是中华民族悠久历史文化的重要组成部分。每一个传统节日都承载着中华儿女共同的记忆。勤劳勇敢、祀祖敬长、和睦邻里、热爱生活……这些节日的文化内涵深入到日常生活中，展示了中国人对宗族、礼法、家庭的重视。

一、春节——中国最大的家人团圆盛会

如果没有"家"，中国大多数传统节日都会失去灵魂，春节尤为如此。作为一个连续性的大年节，春节一般是从腊月初八开始，直至正月十五才结束。其内容有祭神敬祖、守岁祈年、贺春拜年、燃放爆竹等活动和习俗。

（一）贴春联——从桃符到春联

春联又称"春贴""门对""对联"，是过年时所贴的红色喜庆元素"年红"中一个种类。它以对仗工整、简洁精巧的文字描绘美好形象，抒发每个中国人对家人和国家新的一年的美好愿望，是中国春节的重要习俗。当家家户户把春联贴起来的时候，就意味着过春节正式拉开了序幕。

关于春联，还有一个典故。据说五代时的后蜀国国君孟昶是个喜欢标新立异的国君，在公元964年岁尾的除夕，他突发奇想，让手下一个叫辛寅逊的学士在桃木板上写了两句话，作为桃符挂在他的住室的门框上。这两句话是"新年纳余庆，嘉节号长春"。第一句的大意是新年享受着先代的遗泽，第二句的大意是佳节预示着春

意常在。这一桃符是我国最早的一副春联。此后，桃符的形式和内容都发生了变化，这不仅表现在开始用骈体联语来替代"神荼""郁垒"，而且还扩展了桃符的内涵，不只是避邪驱灾，还增加了祈福、祝愿的内容。到了宋代，在桃木板上写对联已经相当普遍了。同时，随着门神的出现和用象征喜气吉祥的红纸来书写桃符，以往的桃符所肩负的驱邪避灾的使命逐渐转移给了门神，而桃符的内容则演化成表达人们祈求来年福运降临和五谷丰登的美好心愿。

贴春联

知识卡片1-1

◎桃符

桃符是历史悠久的汉族民俗文化。古人在辞旧迎新之际，用桃木板分别写上"神荼""郁垒"二神的名字，或者用纸画上二神的图像，悬挂、嵌缀或张贴于门首，意在祈福灭祸。据说桃木有压邪驱鬼的作用。这就是最早的桃符。

"春联"一词出现在明代初年。据说，明太祖朱元璋当上皇帝之后，喜欢排场热闹，也喜欢大户人家每到除夕贴的桃符，就想推广一下。有一年除夕到来之前，他颁布御旨，要求金陵的家家户户用红纸写春联贴在门框上，迎接新春。大年初一的早晨，朱元璋微

中国民俗

服巡视，挨家挨户察看春联。每当见到写得好的春联，他就非常高兴，赞不绝口。巡视时见到有户人家没有贴春联，朱元璋很生气，询问是什么原因。侍从回答说：这是一家从事杀猪和劁猪营生的师傅，过年特别忙，还没有来得及请人书写。朱元璋就命人拿来笔墨纸砚，为这家书写了一副春联："双手劈开生死路，一刀割断是非根。"写完后朱元璋就继续巡视。朱元璋巡视完毕返回宫中时，又路过这里，见这个屠户家还没有贴上他写的春联，就问是怎么回事。这家主人很恭敬地回答道："这副春联是皇上亲自书写的，我们高悬在中堂，要每天焚香供奉。"朱元璋听了非常高兴，就命令侍从赏给这家三十两银子。"春联"由此得名并推广开来。

从红底黑字、稳重而鲜艳的传统春联，到红底金字、似金龙出海的现代春联，都表达了中国老百姓对新年的美好愿望，反映了不同行业、不同家庭对美好生活的追求和向往。正如王安石所写"千门万户曈曈日，总把新桃换旧符"，春联已成为中国人辞旧迎新的标志，也成为人们对美好未来的寄托。

每逢春节，除了贴春联，家家户户还要在屋门上、墙壁上、门楣上、窗户上贴上大大小小的"福"字。"福"字有"幸福""福气""福运"的意思。春节贴"福"字，无论是现在还是过去，都寄托了人们对幸福生活的向往和对美好未来的祈盼。

现在，为了更充分地体现这种向往和

福到了

12

祈盼，民间习惯了将"福"字倒过来贴，表示"幸福已到（倒）、福气已到（倒）"。关于"福"字倒贴，民间有一则传说。明太祖朱元璋当年用"福"字作暗记准备杀人，好心的马皇后为消除这场灾祸，令全城大小人家必须在天明之前都在自家门上贴一个"福"字。马皇后的旨意自然没人敢违抗，于是家家门上都贴了"福"字。其中有户人家不识字，竟把"福"字贴倒了。第二天，朱元璋派人上街查看，发现家家都贴了"福"字，还有一家把"福"字贴倒了。朱元璋听了禀报大怒，立即命令羽林军把那家满门抄斩。马皇后一看事情不好，忙对朱元璋说："那家人知道您今日来访，故意把'福'字贴倒了，这不是'福到'的意思吗？"皇帝一听有道理，便下令放人，一场大祸终于消除了。从此，人们便将"福"字倒贴起来，一求吉利，二为纪念马皇后。

（二）门神贴起来——保平安、降吉祥

门神即司门守卫之神，是农历新年贴于门上的一种画。门神作为守卫门户的神灵，人们将其神像贴于门上，用以驱邪避鬼、卫家宅、保平安、助功利、降吉祥等，是中国民间深受人们欢迎的守护神。每到除夕下午，家家户户便将门神贴起来，祈福来年。

历史上，"门神"的形象最早出现在《山海经》中。最初的门神一个叫神荼，一个叫郁垒。据《山海经》描述，大海之上的度朔山上，有一座万鬼出入的柜门。柜门上有两个神人，一个叫神荼（shēn shū），一个叫郁垒（yù lǜ）。如果发现害人的恶鬼，这两个神人便将其捆起来扔到山下喂虎。黄帝十分敬重这两个人，岁末时便将其画在门上，供奉敬拜，祈求安康。神荼一般位于左边门扇上，身着斑斓战甲，面容威严，姿态神武，手执金色战戟；而郁垒则位

中国民俗

于右边门扇上，一袭黑色战袍，神情显得悠闲自适，两手并无神兵或利器，只是探出一掌，轻抚着坐立在他身旁的巨大的金眼白虎。这两个门神寄托了中国劳动人民消灾免祸、趋吉避凶的一种美好愿望。

后期新增的门神主要有祈福类、道界类、文官类、武将类及其他杂类。祈福类如赐福天官，道界类如钟馗与王灵官，文官类如魏征、包公和文天祥，武将类如秦琼与尉迟恭等。

钟馗被民间认为是"最丑的"门神。据传钟馗才华出众，原是唐玄宗时期文武双全的进士，殿试时因为样貌丑陋而名落孙山，刚烈的钟馗愤而撞死在大殿台阶上。唐玄宗听说后特别赐给红官袍予以安葬。后来唐玄宗偶患脾病，久治不愈，有一晚梦见一位虬髯大汉把小鬼吃了，声称自己是钟馗。第二天唐玄宗醒来后病就好了，于是命画圣吴道子画了钟馗的画像放在寝宫，并封钟馗为赐福镇宅

神荼郁垒

钟馗

圣君。钟馗的事迹流传到民间之后也成为普通百姓争相供奉的门神，钟馗被赋予了驱邪除祟的神威，成了道教驱鬼捉鬼的神将。

到了宋末，唐朝开国功臣尉迟敬德、秦琼被称为"天下第一门神"。据说唐太宗因在玄武门之变中杀了自己的亲兄弟，被鬼魂所扰，每到晚上睡觉时，梦中常常有恶鬼邪魅号叫，这使得李世民睡不好觉，精神备受折磨。秦琼和尉迟敬德两位老臣听闻此事之后，就身披甲胄，腰悬宝剑，自告奋勇夜里为太宗守门，保证皇帝能宽心睡好觉。有了两人的守护，唐太宗李世民自此以后果然不再做噩梦了，可以一夜安睡到天明。他心疼臣子，遂下令让画工将他们两人的形象画下来，张贴于宫门之上，以驱魔避邪。此事传到民间，老百姓也跟风将他们二人的画像贴在门上辟邪。于是二位门神就在民间流传起来。

"天下第一门神"

知识卡片 1-2

◎尉迟敬德

尉迟敬德（公元585—658年）：本名尉迟融，字敬德，朔州鄯阳县人，祖籍太安狄那（今山西省寿阳县），鲜卑族，唐朝开国名将，"凌烟阁二十四功臣"之一。大业末年，参与平定高阳民乱，授朝散大夫。大业十三年（公元617年），跟随

中国民俗

刘武周起兵,担任偏将。武德三年(公元620年)兵败归顺唐朝,赐名尉迟恭。跟随秦王李世民参与唐初统一战争,平定王世充、窦建德、刘黑闼、徐圆朗的反叛,颇有功勋。武德九年(公元626年),参与玄武门之变,受封右武侯大将军、吴国公。贞观十一年(637年),监修洛阳老君山,拜上柱国、鄂国公。贞观十七年(643年),授开府仪同三司,致仕还家,不问政务,名列"凌烟阁二十四功臣"第七名。贞观十九年(公元645年),跟随唐太宗李世民征讨高丽。

◎秦琼

秦琼(?—公元638年),字叔宝,齐州历城(今山东省济南市历城区)人。隋末唐初名将。

秦琼勇武过人,远近闻名。初仕隋朝,跟随来护儿、张须陀、裴仁基帐下任职。后来,投奔瓦岗起义军领袖李密。瓦岗败亡后,投靠王世充。因王世充为人奸诈,后与程咬金等人一起投奔李渊、李世民父子。后跟随秦王李世民南征北战,屡立战功,拜左武卫大将军、翼国公。贞观十二年(公元638年),秦琼病逝,被追封徐州都督、胡国公,谥号为壮。后名列凌烟阁二十四功臣之一。

随着社会的发展和意识形态的变化,现代人过春节贴门神已不仅仅是辟邪免灾,更多的是表达对平安和幸福的向往与追求。门神、红福字、红对联一起,构成了中国人对于春节色彩的记忆。

(三)除夕为什么要守岁?

除夕守岁在魏晋时期就有记载。除夕晚上,一家老小熬年守岁，欢聚酣饮，共享天伦之乐，这是中华儿女至今仍很重视的年俗。

除夕为什么要守岁呢？

关于"守岁"有一个传说。远古时代有一个被称为"祟"的妖怪，它身子黑黑的，但手却是雪白的。每年春节除夕夜，它都要到人间害人，专门去摸熟睡的小孩的脑门。凡是被"祟"用雪白的小手摸过的小孩就会生病，莫名其妙地发高烧，整夜说胡话，十几天高烧退去后，小孩会变得痴呆疯傻。所以每年到了除夕晚上，因为害怕"祟"来伤害自己的孩子，家长们就整夜亮着灯，陪孩子一起玩，不让他们睡觉，称之为"守祟"。后来人们觉得"祟"这个怪物晦气，而"岁"与"祟"谐音，就将"守祟"变为现在的"守岁"。

守岁图

除夕之夜正是"一夜连双岁，五更分二年"之时，在辞旧迎新之际，全家人围炉夜话，通宵不眠，共同"守岁"。一是要共同辞旧岁，更懂得要珍惜光阴；二是要共同期待新的一年家人能够平安顺遂、吉祥如意。

时至今日，守岁跨年依然是人们辞旧迎新的传统方式。时代的发展赋予了"守岁"更丰富多彩的形式。吃完团圆饭，人们守岁已经不

看春晚

图源：CCTV9《我的记忆我的年》第6集

中国民俗

再是全家大小围炉夜话、静待春节到来，近几十年来一年一度的央视春节联欢晚会一直陪着全国亿万观众"守岁"跨年，热热闹闹地辞旧迎新。零点钟声响起的时候，人们欢呼雀跃，庆祝除旧立新。

（四）辞旧迎新——爆竹声声辞旧岁

在中国，爆竹声响是辞旧迎新的标志、喜庆心情的流露。有的地方还在庭院里垒"旺火"，寓意旺气通天，兴隆繁华，寄托着一种迎祥纳福的美好心愿。

"年"，是传说中上古时期在陆地上生活的一种非常凶猛的野兽，俗称"年兽"。这种野兽不同于一般的猛兽，它不仅异常凶猛，而且还喜欢吃人。它有一种特性，就是喜欢在每年的新旧交替的时候出来寻找食物，村庄一旦被这种"年兽"发现了，就会面临灭顶之灾。之前人们拿这种"年兽"一点办法都没有，后来人们渐渐地发现了它的弱点：原来这种"年兽"害怕听到噼噼啪啪的响声。于是人们便开始用这种噼噼啪啪的响声来驱赶"年兽"，从此人们得以安安全全地生活下来，后来民间也就自然而然地形成了燃放鞭炮的习俗。春节早晨开门大吉，先放爆竹，叫作"开门炮仗"。爆竹声后，碎红满地，灿若云锦，称为"满堂红"。这时满街瑞气，喜气洋洋。整个春节期间，各街巷通衢里，大户人家悬灯结彩。街头巷尾，乡里村社，到处百艺杂陈，各

点"旺火"

图源：优酷视频《欢乐中国年 地道山西味——山西春节年俗活动之怀仁旺火》

献高技，热闹非凡。乡间多延请戏班、剧团演戏，还开展听道情、扭秧歌、唱花鼓及各式各样的娱乐嬉戏，也有舞狮子、耍龙灯等种种文体活动，人们欢天喜地，共庆新春。

据史料记载，早在1 600年前的南北朝时期，人们过年就已经形成了燃放爆竹的习俗。火药发明之后，真正意义上的鞭炮才开始产生。到了宋代，随着火药技术的改进，人们制造鞭炮的水平得以极大地提高，现代意义上的鞭炮得以定型。明清时期，鞭炮的种类越来越多，在大年三十这天，无论身份高低贵贱，无论富裕与贫穷，人们都会燃放鞭炮增加喜庆，一家人团团圆圆吃年夜饭。

这样，放鞭炮与贴春联、贴福字共同增加了春节的喜庆，营造出了浓厚的节日氛围，寄托了人们对美好生活的期待。

（五）正月十五为何"闹"元宵？——祈团圆

过完元宵节，才算过完年。元宵节又称上元节、小正月、元夕或灯节，为每年农历正月十五日，是中国春节年俗中最后一个重要节令。正月是农历的元月，古人称夜为"宵"，所以把一年中第一个月圆之日正月十五称为元宵节。元宵节代表着团圆、和谐和人们对美好生活的向往。2008年，元宵节成为中国第二批国家级非物质文化遗产。

俗话说：正月十五闹元宵。那为什么要"闹"元宵呢？

传说元宵节是汉文帝为纪念"平吕"而设。汉高祖刘邦死后，吕后之子刘盈登基，是为汉惠帝。汉惠帝病死后，吕后独揽朝政，把刘氏天下变成了吕氏天下，朝中老臣、刘氏宗室深感愤慨，但都惧怕吕后残暴而敢怒不敢言。吕后病死后，诸吕惶惶不安，吕禄、

中国民俗

吕产等密谋作乱之事，以便彻底夺取刘氏江山。此事传至刘氏宗室齐王刘襄耳中，刘襄与朱虚侯刘章等为保刘氏江山，决定起兵讨伐诸吕，随后与开国老臣周勃、陈平取得联系，设计解除了吕禄的兵权，"诸吕之乱"终于被彻底平定。平乱之后，众臣拥立刘邦的第四个儿子刘恒登基，史称汉文帝。文帝深感太平盛世来之不易，便把平息"诸吕之乱"的正月十五定为与民同乐之日，京城里家家张灯结彩，以示庆祝。从此，正月十五便成了一个普天同庆的民间节日——"元宵节"。

重庆铜梁舞火龙闹元宵

图源：上游新闻网：上游观察｜频频登上央视舞台，铜梁龙到底凭什么？

元宵节典型的习俗是逛灯会，因此，元宵节又被称为"灯节"。元宵节之夜，大街小巷张灯结彩，人们赏花灯，猜灯谜，将从除夕开始的庆祝活动推向又一个高潮，非常热闹，更加突出了"闹"字。元宵灯会的兴盛从隋唐开始。隋炀帝杨广是一个爱热闹的皇帝，每年元宵节，他都会在都城洛阳举行盛大的灯会来招待外国使者，以展示当时中

逛灯会

图源：CCTV4《年的味道》第6集　元宵

国的富庶。到了唐代，元宵节张灯的风气更盛，每年这一天都会制作百里都能看到的 80 尺高的灯树，并将正月十五的灯会延长到三夜，官家正月十四、十五、十六放假三天，这三天也取消了宵禁。到了宋朝，元宵灯火更为兴盛。为了粉饰太平盛世，宋朝的皇帝在元宵节都会亲登御楼观灯，张灯的时间也从三夜扩展到了五夜。明代中期以后，城市经济有了较大发展，元宵节也更加热闹。

除了逛灯会，民间还会以吃汤圆、踩高跷、舞狮子、扭秧歌、打灯谜、划旱船等方式来共度元宵佳节。

过完元宵节，春节就真正过完了。对中国人来讲，也意味着一元复始、万象更新的新的一年真正开始了。

二、清明节——慎终追远、礼敬祖先

清明节又称踏青节、行清节、三月节、祭祖节等，节期在仲春与暮春之交，是中华民族传统节日中唯一兼有节日和节气双重身份的节日。扫墓祭祖与踏青郊游是清明节的两大礼俗主题，这两大礼俗主题在中国自古传承，至今不辍。

（一）清明节的由来

清明作为二十四节气之一，真正进入中国人的视野是在两汉时期。西汉淮南王刘安与其门客共同编著的《淮南子·天文训》里确立了二十四节气，其中就有清明节。公元前 104 年，汉武帝命太史令司马迁和历官邓平等人制定《太初历》，其中确立了清明的农事节日。所以，从汉代开始清明成了农事节日。清明主要作为时令的标志，时间在冬至后一百零七日、春分后十五日，也就是每年的四月

中国民俗

五日前后。这一时节，生气旺盛、阴气衰退，万物"吐故纳新"，大地呈现春和景明之象，清明也就成为农民播种和准备养蚕的季节，黄河流域至今依然有"清明前后，种瓜点豆"的农谚。

> **知识卡片1-3**
>
> ◎《太初历》
>
> 《太初历》将一日分为八十一分，故又称"八十一分律历"。它是中国古代一部比较完整的历法，是中国历法上一个划时代的进步。汉初承袭秦制，使用古历《颛顼历》，以《太初历》与《颛顼历》全面比较，《太初历》有重大的进步。其法规定一回归年为一年，一朔望月为一月。太初历将原来以冬十月为岁首恢复为以夏历正月为岁首，并吸收了干支历的二十四节气成分作为指导农事的补充历法，以没有中气的月份为闰月，使历书与农时季节更为适应。太初历正式启用于公元前104年，比古罗马儒略历早了58年。《太初历》共使用了188年。

唐代是清明节发展史上最为重要的时期。中唐以后，寒食节开始融入清明节，逐渐被清明节取代，成为一个独立的节日。宋代生活日趋都市化，民俗向娱乐方向发展，为了让人们能够在清明扫墓、踏青，太学放假三日，武学放假一日。北宋画家张择端的《清明上河图》描绘了当时北宋都城东京（又称汴京，今河南开封）的城市面貌和当时社会各阶层人民的生活状况。寒食节融入清明节后，寒食节的祭祀习俗也归于清明。同时，时间相近的上巳节习俗"上巳春嬉"也融入清明节中。明清以后，上巳节和寒食节已基本退出了传统节日，清明节成为一个独立的传统节日。

（二）清明节与寒食节、上巳节

清明节凝结了中华民族祭祖敬先的文化精华。与清明相近的寒食节本是古代禁火忌日，也是古代"墓祭"的日子。相传春秋时期，介子推等大臣保护晋文公重耳逃亡国外。有一天，重耳饿得两眼发晕。就在他断粮待毙之时，介子推偷偷跑到旁边把自己大腿的肉割了一块下来，炖成肉汤进献给公子重耳吃肉汤。公子吃了肉汤以后，才得知是介子推腿上的肉，他非常感动，说以后一定好好报答介子推。后来重耳回到晋国做了国君，成为中国历史上著名的春秋五霸之一晋文公。晋文公执政后封赏大臣，跟随他的有功之臣均得到高官厚禄，只有介子推被遗忘了。经大臣提醒，晋文公才省悟过来，十分悔恨，觉得对不起介子推，而此时介子推早已不再当官，携母一起到风景秀丽的绵山岩洞中隐居，草衣寒食。晋文公知道后，亲自率众大臣到绵山访求，但绵山这么大，到哪里找介子推？有人建议干脆放火烧山，留一个口子，让介子推跑出来。结果大火烧了多日，还不见介子推的踪迹。晋文公率人进山寻找，在一棵大柳树树底下，发现介子推抱着老母被活活烧死在那里。再一看，在后面树洞里还有介子推写的一首诗，诗中写道："割肉奉君尽丹心，但愿主公常清明。……臣在九泉心无愧，勤政清照复清明。"看后，晋文公感到很内疚，悲痛万分，追悔莫及，下令从这一天开始，三天之内不准动火，"寒食禁火"由此而来。寒食节后一两天就是清明节，寒食禁火与清明正好连在一块。据说第二天那棵柳树竟然又活了，晋文公把那棵柳树称作"清明柳"，此后才有了插柳的习俗。晋

中国民俗

文公悼念介之推的祭日恰在寒食节，于是清明有了祭祖扫墓的习俗。后来唐玄宗正式诏令"寒食上墓"，清明节遂成为全民族的法定祭祖节日。

知识卡片1-4

◎介子推

介子推（？—公元前636年）：又名介之推、介推，后人尊为介子，春秋时期晋国人。因"割股奉君"，隐居"不言禄"，死后葬于介休绵山，深得世人怀念。晋文公重耳深为愧疚，遂改绵山为介山，并立庙祭祀，由此产生了"寒食节"（清明节前一两天）。

上巳节俗称三月三。该节日在汉代以前定为三月上旬的巳日，后来固定在夏历三月初三，是汉民族的传统节日。上古时代，上巳节已成为大规模举行仪式的民俗节日。春和景明，人们走出家门，集于水边，举行清除不祥的祓除仪式。魏晋以后，由于当时社会中素有崇尚自然、纵情山水的风尚，对人们而言，上巳节祓除的意义大为减弱，而迎春赏游之意越发浓郁。到了唐朝，上巳节成为当时隆重的节日之一。节日的内容除了修禊之外，主要是春游踏青、临水宴饮。由于上巳节距寒食、清明节皆较近，上巳节郊外踏青的习俗便延续到清明节后。所以，清明节也有了郊外漫游踏青的节日传统。

（三）清明节慎终追远、礼敬祖先

2007年12月，国务院正式把清明节定为法定节假日。利用清明假期，从城镇回到农村、从国外回到祖国、从海峡对岸回到故乡、从港澳地区回到内地的人每年都很多。

清明扫墓寄托了中国人重视亲情、慎终追远、敬重祖先的情感追求和价值关怀。扫墓、祭奠是一种神圣的生命交流仪式，它昭示着亲情血脉的继承，使祖先与后代之间有了联系，构成了人们顽强生存和追求幸福的重要动力。清明节除了缅怀祖先，还应缅怀为中华民族独立富强而奋斗牺牲的革命先烈及先贤英杰，包括民族英雄、杰出历史人物。这些为民族的解放和正义抛头颅、洒热血的先烈，为国家富强、民族复兴和人民幸福而奋斗的英雄，更值得我们后人敬仰。

俗话说："有心栽花花不发，无心插柳柳成荫。"插柳，是因为清明节是鬼节，鬼最怕柳树。除民间传说的插柳为介子推母子招魂的缘起外，古人认为柳树得春气之先机，阳气最盛，"插柳""戴柳"可避疫驱邪，后来又发展出"插柳留春"的文化意蕴。最终，由"插柳柳成行"的风习发展为清明节植树的习俗。清明正值万物复苏、踏青郊游的大好春光，也是春耕春种、插柳戴柳的适宜季节。所以，清明节也是一个生机盎然、孕育新生命的节日。

三、端午节——天人合一、社会和谐

端午节又称五月五日、重午、端五、重五、五月节、端阳、蒲节、天中节、诗人节、女儿节、龙舟节、粽子节、医药节等，是最早出现的中华传统节日之一，源于自然天象崇拜，由上古时代的祭

龙演变而来。端午文化在世界上影响广泛，世界上其他一些国家和地区也有庆贺端午的活动。2006年5月，端午节被国务院列入首批国家级非物质文化遗产名录；自2008年起，被列为国家法定节假日。2009年9月，联合国教科文组织正式批准将端午节列入《人类非物质文化遗产代表作名录》，端午节成为中国首个入选世界非物质文化遗产的节日。

（一）"端午"的含义

"端午"的"端"字本义为"正"，"午"为"中"。"端午"，"中正"也，这天午时则为正中之正。古人以天干地支来作为载体，设天干地支以契天地人事之运，纪元通用天干地支；天干承载天之道，地支承载地之道。仲夏午（五）月午日飞龙在天，此时龙星处在正南中天，为全年周天运行最"中正"之位，既"得中"又"得正"，乃大吉大利之象。古人历来崇尚中正之道，"中正"之道在此表现得淋漓尽致。另，端亦有"初"的意思，因此，午月的第一个午日，亦谓端午。

（二）端午与屈原

北宋嘉祐四年（1059年），苏东坡途经忠州（中国历史上唯一以"忠"字命名的州县城市），看到有一座屈原塔，惊讶之余写下了《屈原塔》："楚人悲屈原，千载意未歇。精魂飘何处，父老空哽咽。至今沧江上，投饭救饥渴。遗风成竞渡，哀叫楚山裂。屈原古壮士，就死意甚烈。世俗安得知，眷眷不忍决。……"表达了对屈原追求理想、不与世俗同流合污、壮烈殉国的高尚情操的赞美之情。

第一章　怎么过中国节？

> **知识卡片1-5**
>
> ◎苏东坡
>
> 苏东坡（公元1037—1101年），字子瞻、和仲，号铁冠道人、东坡居士，世称苏东坡、苏仙，汉族，眉州眉山（四川省眉山市）人，祖籍河北栾城，北宋著名文学家、书法家、画家，历史治水名人。苏轼是北宋中期文坛领袖，在诗、词、散文、书、画等方面均有很高成就。苏轼的文纵横恣肆；诗题材广阔，清新豪健，善用夸张比喻，独具风格，与黄庭坚并称"苏黄"；词开豪放一派，与辛弃疾同是豪放派代表，并称"苏辛"；散文著述宏富，豪放自如，与欧阳修并称"欧苏"，为"唐宋八大家"之一。苏轼善书，"宋四家"之一；擅长文人画，尤擅墨竹、怪石、枯木等。与韩愈、柳宗元和欧阳修合称"千古文章四大家"。

端午原来仅是个避瘟驱邪的节日，但人们更愿意将历史名人与节日起源相联系，不仅可以表达对历史名人的纪念，也使节日本身变得更加有意味。屈原生于战国后期的楚国，从小就受到良好的教育，博闻强记，志向远大。由于才华出众，屈原得到楚怀王的信任，任左徒，兼管内政外交。屈原任职期间，对内推动变法改革，举贤任能，对外力主联齐抗秦，使楚国政治一新，展现了杰出的政治才能。由于改革触犯了旧贵族的利益，屈原受到奸臣的嫉恨。楚王听信谗言，先是把屈原降职为三闾大夫，后又流放到外地。但屈原人在江湖，心念朝廷，依然忧国忧民。"长太息以掩涕兮，哀民生之多艰""路漫漫其修远兮，吾将上下而求索"，屈原为民生的艰难而痛

哭流泪，为祖国的未来而忧心如焚，希望楚王能幡然悔悟，奋发图强。可现实一次次让他失望。他明知忠贞耿直会招来嫉恨，但依然不改初心；他可以到别国寻求出路，但对祖国的痴心不改，不肯离开祖国半步。屈原的高尚情操与对祖国的忠诚，日月可鉴。楚顷襄王二十一年（公元前278年），秦军攻破楚国都城，楚王被迫逃难。看到楚国从一个强国沦落到几乎要亡国的地步，自己又无能为力，屈原万念俱灰，遂于楚都被秦军攻占那一年的五月初五自投汨罗江，壮烈殉国。屈原的"求索"精神，成为后世仁人志士所信奉和追求的一种高尚精神。到了唐代，"端午节是为了纪念屈原"开始得到官方的认可。

在民间传说中，端午节除缅怀屈原外，还有伍子胥、介子推、曹娥等，但在千千万万老百姓的心目中，屈原传说已经深入人心，端午节就是为这样的爱国志士所设，正所谓："节分端午自谁言，万古相闻为屈原"。

（三）端午粽的前世今生

"民以食为天"，几乎每个传统节日都有一个代表性食物，比如八月十五的月饼、冬至的饺子、除夕的团圆饭和端午节的粽子等。食粽是端午节的主要民俗之一。

端午吃粽子除了纪念屈原外，还有别的意义。古时，五月五日为恶月、恶日，必须在每年的五月五日举行祭祀活动、吃粽子，方能除瘟驱邪、求得吉祥。同时，因为

端午粽

"粽"和"宗"谐音，端午粽还有"光宗耀祖"的寓意。粽子除了吃之外，还可以将粽子作为礼物赠送亲友。

  粽很早就已流传开来，西晋新平太守周处所写的《风土记》中，明确提到了"角黍"一词："仲夏端五，方伯协极。享用角黍，龟鳞顺德"。北方产黍，用黍米做粽，角状，古时候在北方称"角黍"。据考证，粽早在春秋时期之前就已出现，最初是用来祭祀祖先和神灵；到了晋代，粽子被正式定为端午节的节庆食物。这时，包粽子的原料除糯米外，还添加了中药益智仁，煮熟的粽子称"益智粽"。糯米中还掺杂板栗等，品种增多。粽子还被用作交往的礼品。到了唐代，粽子用米已"白莹如玉"，粽的形状出现锥形、菱形。宋朝时，已有"蜜饯粽"，即果品入粽。诗人苏东坡有"时于粽里见杨梅"的诗句。元、明时期，粽子的包裹料已从菰叶变革为箬叶；明、清时期，出现了用芦苇叶包的粽子，附加料已出现豆沙、松子仁、枣子、胡桃、红豆等，品种更加丰富；清代，还出现了"火腿粽子"。到了明清两代，粽子则成了吉祥食品。相传，那时凡参加科举考试的秀才，在赴考场前要吃家中特意包的"笔粽"。笔粽样子细长，很像毛笔，谐音"必中"，为的是讨个口彩。直到今天，每年农历五月初五，中国百姓家家都要浸糯米、洗粽叶、包粽子，其花色品种更为繁多。从馅料看，北方多包小枣的枣粽；南方则有绿豆、五花肉、豆沙、八宝、火腿、冬菇、蛋黄等多种馅料，其中以广东咸肉粽、浙江嘉兴粽子为代表。

  （四）龙舟竞渡——"竞"出精神

  龙舟竞渡是汉族传统节日端午节的主要习俗。"龙舟竞渡"是战国时期就有的习俗。战国时期，人们在急鼓声中划刻成龙形的独

中国民俗

龙舟竞赛

图源：CCTV4《传奇中国节·端午节》

木舟，做竞渡游戏，以娱神与乐人，此时的龙舟竞渡是祭仪中半宗教性、半娱乐性的节目。在两湖地区，祭屈原与赛龙舟是紧密相关的。但赛龙舟除了纪念屈原之外，各地的人们还对其赋予了不同的寓意。

知识卡片1-6

◎ 龙舟

龙舟是端午节竞渡用的，是船上画着龙的形状或做成龙的形状的船。扒龙舟（也称划龙舟）是中国民间传统的水上体育娱乐项目，是一种多人集体划桨竞赛，多是在喜庆节日举行，现流行于中国及世界上一些国家与地区。扒龙舟不仅是一种体育娱乐活动，更体现出我国传统的悠久历史文化继承性和人们的集体主义精神。扒龙舟分为起龙、游龙、竞赛、收龙等几个环节。

2021年8月3日，在东京奥运会皮划艇的比赛场上，作为展示项目，中国龙舟划入了奥运赛场。这标志着龙舟已经启动了入奥程序。

每年的端午节期间，一些地方城市就会举办赛龙舟的活动。在屈原故里秭归，一个端午过三次：农历五月初五小端午挂菖蒲、艾蒿，饮雄黄酒，五月十五大端午龙舟竞渡，五月二十五末端午送瘟船。尤为独特的是，屈原诞生地秭归乐平里农民自发组织"骚坛"

诗社，每年端午节咏唱"时维五月兮，节届端阳；竞渡龙舟兮，吊古忠良……"在黄石，西塞山神舟会有着整套完备的活动流程，从神舟扎制、唱大戏、祭祀、巡游到送神舟下水等系列仪式，历时40天，群众活动丰富多彩，是目前国内端午节期间时间最长的祝福和祭祀活动。

"龙"的文化贯穿在龙舟赛始终。各地龙船竞渡前，先要请龙、祭神，原因之一是"龙"是中国的文化图腾，但形式不一。如广东龙舟要祭过南海神后才能竞渡，闽、台则往妈祖庙祭拜。四川、贵州等地直接在河边祭龙头，而湖南汨罗市，竞渡前必先往屈子祠朝庙，将龙头供在祠中祭拜，披红布于龙头上，再安龙头于船上竞渡，既拜龙神，又纪念屈原，表达对先贤的追思。

龙舟赛已深深扎根于民间。龙舟一般是狭长、细窄的木舟，要想龙舟速度快，所有队员必须保持一定的节奏，一起发力，劲往一处使，力往一处发，龙舟才能迅捷前行。这对于团队的齐心协力、团结一致要求较高。赛龙舟现场震天的喊声，冲霄而上的鼓声，对参赛者与现场观众都有很大的冲击力，让人热血沸腾，斗志昂扬。扣人心弦的龙舟竞赛，把端午节的节日气氛推向高潮。

知识卡片1-7

◎韩国江陵端午祭

端午节真被韩国人"抢注"了？

2005年11月25日，韩国的江陵端午祭被选定为联合国教科文组织的"人类口传与无形文化遗产"，"韩国人抢注中国端午节"的说法瞬间在中国国内激起了千层浪。那么，江陵端午祭

中国民俗

与中国的端午节一样吗？

韩国江陵端午祭是流传于朝鲜半岛太白山脉以东的江陵及周边地区的民俗，每年都要举办。节庆包括在大关岭山举行萨满祭神仪式，以敬拜山神和男女守护神。它包括传统音乐、Odokddegi民歌、官奴假面剧、口头叙事诗歌以及各种大众消遣活动。韩国最大的户外集市——Nanjang集市如今已成为该节日的重要组成部分，这里不但出售当地特产和手工艺品，也举行比赛、进行游戏以及马戏表演。

从祭祀对象、祭祀形式、民俗活动等方面可以看出，韩国"江陵端午祭"与中国端午节是不同的。2009年9月，联合国教科文组织正式批准将中国端午节列入《人类非物质文化遗产代表作名录》，端午节成为中国首个入选世界非遗的节日。

四、中秋赏月——话团圆、庆丰收

农历八月十五是中秋节，又称"月夕""秋节""仲秋节""八月节""八月会""追月节""玩月节""拜月节""女儿节""团圆节"，是流行于全国众多民族中的传统文化节日。因其恰值三秋之半，故称"中秋节"。"中秋"一词最早出现在《周礼》一书中。到魏晋时，有"谕尚书镇牛渚，中秋夕与左右微服泛江"的记载。至唐朝初年，中秋节已成为固定节日，史书中已载有"八月十五中秋节"。中秋节的盛行始于宋朝，到明清时，已与元旦齐名，成为我国的主要节日之一。

中秋节是一个因月亮而生的节日，民间活动主要围绕月亮而展开，有中秋祭月、赏月、吃月饼、玩花灯、赏桂花、饮桂花酒等民俗，流传至今，经久不息。

（一）祭月赏月庆丰收

古代中国就有"秋暮夕月"的习俗。夕月，即祭拜月神。在古代人看来，月亮是仅次于太阳的神灵，一直是人们重要的崇拜对象。《礼记·祭法》中记载："夜明，祭月也。"根据史籍记载，周代已有"中秋夜迎寒"的活动。在收获的季节，不仅要拜土地神，还要拜月神。古人认为五谷丰收离不开月亮，如果没有月亮赐予露水，没有月亮圆缺以计农时，丰收也是不可能的。"祭月节"最初是在秋分当日，后来才变更为农历八月十五日。

传统的中秋夜，家里要设大香案，摆上月饼、西瓜、苹果、红枣、李子、葡萄等祭品，西瓜还要切成莲花状。月光下，将月亮神像放在月亮的那个方向，红烛高燃，全家人依次拜祭月亮，然后由当家的主妇切开团圆月饼。这些习俗反映了人们对月亮、对自然的敬畏，这种敬畏中又满含对月亮、对自然的亲近与喜爱之情。节目中，阖家男女老少暂时停止劳作，品饼赏月。

中秋祭月

图源：cctv4《传奇中国节·中秋》截图

自古至今，在广东部分地区，人们都有在中秋晚上拜祭月神（拜月娘、拜月光）的习俗。拜月，一般设大香案，摆上月饼、西瓜、苹果、红枣、李子、葡萄等祭品，在月下，将"月神"牌位放在月亮的那个方向，红烛高燃，全家人依次拜祭月亮，祈求福佑。

中国民俗

祭月赏月，托月追思，表达了人们的美好祝愿。祭月作为中秋节重要的祭礼之一，从古代延续至今，逐渐演化为民间的赏月、颂月活动。

据史料记载，魏晋之时，民间便开始有了中秋赏月之举，但尚未形成习俗。到了唐代，中秋赏月、玩月颇为盛行，张九龄的《望月怀远》一诗是望月怀思的名篇，全诗构思巧妙，情景交融，细腻入微，感人至深。首句"海上生明月，天涯共此时"为千古佳句，意境雄浑豁达。宋代，赏月习俗从文人雅士遍及民间百姓，以赏月活动为中心的中秋民俗节日因此形成。苏轼的《水调歌头》大家更是耳熟能详。其中，"但愿人长久，千里共婵娟"表达出对远方亲人的思念之情以及美好祝愿。

知识卡片1-8

◎水调歌头·明月几时有

[宋] 苏轼

明月几时有，把酒问青天。
不知天上宫阙，今夕是何年？
我欲乘风归去，又恐琼楼玉宇，
高处不胜寒。
起舞弄清影，何似在人间！
转朱阁，低绮户，照无眠。
不应有恨，何事长向别时圆？
人有悲欢离合，月有阴晴圆缺，
此事古难全。
但愿人长久，千里共婵娟。

第一章　怎么过中国节？

苏轼这首《水调歌头》以月起兴，以与其弟苏辙七年未见之情为基础，围绕中秋明月展开想象和思考，把人世间的悲欢离合纳入对宇宙人生的哲理性追寻之中，表达了词人对亲人的思念和美好祝愿，也表达了在仕途失意时旷达超脱的胸怀和乐观的情致。

（二）家人欢聚庆团圆

花好月圆人团圆。中秋之夜，明月当空，清辉银色洒满大地，人们把月圆当作团圆的象征，把八月十五作为亲人团聚的日子，因此，中秋节又被称为"团圆节"。天上月圆时，圆圆的月饼负载着人月双圆的美意。

月饼又叫月团、丰收饼、宫饼、团圆饼等，最初是古代中秋祭拜月神的供品。唐朝开始，中秋节吃月饼成为一种习俗，发展至明朝，则成为全民共同的饮食习俗。经过元、明两代，中秋节吃月饼、馈赠月饼风俗日盛，且月饼有了"团圆"的象征含义。

将月饼与中秋联系在一起还有一个传说：唐初，东突厥势力强大，李渊太原起兵时曾向突厥始毕可汗称臣，以换取北方的相对安定。唐朝建立后，突厥一方面支持薛举、刘武周等割据势力，与唐朝分庭抗礼。另一方面，又自恃兵强马壮，不断举兵南下侵扰。为了平定北方外患，唐太宗李世民委任当时著名将领李靖为北征总指挥（行军总管），反击突厥，最终得胜。李靖凯旋之日正好是八月十五，恰巧当晚有吐鲁番人向李世民献饼祝捷。李世民其时正与群臣分享李靖胜利的喜讯，看到圆圆的祝捷饼十分高兴，笑对当空，脱口而出——"应将胡饼邀蟾蜍"。这

中国民俗

句话的大概意思是，应该邀请月亮之神下凡来，与大家一起分享这可口的胡饼。李世民遂将胡饼分给群臣，君臣一道品尝、赏月。据说八月十五中秋节吃月饼的习俗由此而来，并由宫中传到民间。

知识卡片1-9

◎ 李靖

李靖（公元571—649年）：字药师（一称本名药师），雍州三原（今陕西三原县）人，祖籍陇西狄道（今甘肃临洮县）。隋末至初唐时期杰出的军事家。李靖一生征战数十年，为唐王朝的建立及发展立下赫赫战功。他的治军作战经验，丰富了中国古代的军事思想和兵法理论，著有《六军镜》《卫公兵法》等多部兵书，多已失传。

时至今日，阖家团圆赏月并分享团圆月饼已成为中秋节的一个重要仪式。分享月饼时，要算出全家有多少人，在家的、在外地的都要算，有多少人月饼就要分切成多少份，不能切多也不能切少，并且大小要一样，每人都是阖家团圆的组成部分，都要安享自己的一份。将外地的家人的那一份保存起来，盼着游子归来享用。这是一个表达爱、传递爱、感受爱的过程，有着月圆之夜亲人团圆、家人和睦的美

月饼

好寓意。

中国传统节日是华夏民族独特的文化记忆，凝聚并影响着中华民族的价值观念、文化心理、生活方式和审美旨趣。节日民俗是人类文明进化发展的产物，鞭炮迎春、清明祭祖、中秋赏月等丰富多彩的民俗活动，是对阖家团圆、普天同庆精神文化氛围的渲染和营造，更成为传承优秀历史文化的重要载体。

第二章
宴席文化知多少？

中国民俗

　　一人不成席。宴，可以是礼仪之邦的中国最高的诚意；宴，也可以是生生不息的传承最深的心意；宴，可以知书达礼，也可以知书不拘礼；宴，是由口入心的相逢和相识。

——《舌尖上的中国3》

　　风格迥异的宴席，承载了我们中国人独特的思绪和记忆，见证着人与人之间关系的变迁；各色各样的中国宴席，展现了中国人的文化信仰和人生百态，更汇聚成了一幅中国关系的全景图。

一、"座"文化

　　《鸿门宴》中写道："项王、项伯东向坐；亚父南向坐——亚父者，范增也；沛公北向坐，张良西向侍。"① 司马迁对鸿门宴座次浓墨重彩的一笔，传递了什么信息？

鸿门宴座次

图源：CCTV10《百家讲坛》汉代风云人物之项羽（三）鸿门宴

---

① 司马迁.史记[M].北京：中华书局，1982：312.

第二章 宴席文化知多少？

> **知识卡片2-1**
>
> ◎《鸿门宴》
>
> 《鸿门宴》出自《史记·项羽本纪》，是汉代史学家、文学家司马迁创作的史传文，叙述的是秦朝灭亡后，两支抗秦军队的领袖项羽和刘邦在秦朝都城咸阳郊外的鸿门举行的一次宴会。全文以刘邦赴项营请罪为核心，连同赴营以前和逃席以后分为三个部分，以曹无伤告密、项羽决定进攻始，以项羽受璧、曹无伤被诛终。故事围绕项羽是否发动进攻、刘邦能否安然逃席两个问题，逐层展开。

按照古代礼仪，席地而坐时，座位主、次的摆放应该以面东为尊，以右为上。例如，在一个坐北朝南的房间内，则室内的西侧面东为上，坐北向南的人座位次之，座南面北的再次之，而坐东向西的为末席。古人会将宾客和老师都安排在坐西朝东的座位上，以示尊敬。因此，才有了古时"东家""西宾"的说法。鸿门宴的座次安排中，项羽、项伯面向东坐，是尊位；亚父范增因是项羽的忠臣，坐北面南而坐；刘邦是来客，面向北坐；作为谋士的张良，只能坐在向西的末席陪坐。作为宾客的刘邦未被安排在尊位上。司马迁的这一描述展现了鸿门宴中每个人物身份的高低贵贱，表现了项羽对待客人刘邦的态度。

那如果按左右分的话，是左为尊还是右为尊？

在鸿门宴中，以项羽为中，其左手是南向坐的亚父，右手是北向坐的刘邦，亚父的地位要高于刘邦，也体现出了宴席中以左为尊。《红楼梦》第三回"贾雨村夤缘复旧职 林黛玉抛父进京都"中写道：

中国民俗

"王夫人遂携黛玉穿过一个东西穿堂……见王夫人来了，方安设桌椅……贾母正面榻上独坐，两边四张空椅，熙凤忙拉了黛玉在左边第一张椅上坐了，黛玉十分推让。贾母笑道：'你舅母你嫂子们不在这里吃饭。你是客，原应如此坐的。'黛玉方告了座，坐了。贾母命王夫人坐了。迎春姊妹三个告了座方上来。迎春便坐右手第一，探春左第二，惜春右第二。"此次家宴中，贾母正中，林黛玉作为客人坐在贾母的左边，迎春三姊妹在落座的时候也是先左后右，可见左座为上、为尊。《红楼梦》第四十回"史太君两宴大观园 金鸳鸯三宣牙牌令"中写道："这里凤姐儿已带着人摆设整齐……上面二榻四几，是贾母薛姨妈，下面一椅两几，是王夫人的，余者都是一椅一几。东边是刘姥姥，刘姥姥之下便是王夫人。西边便是史湘云，第二便是宝钗，第三便是黛玉，第四迎春，探春，惜春挨次下去，宝玉在末。"因刘姥姥是客，所以坐在了贾母的左边，也就是东边，体现了贾母对刘姥姥这位客人的尊重。

《红楼梦》宴席

图源：87版电视剧《红楼梦》第1集"林黛玉别父进京都"

第二章 宴席文化知多少？

> **知识卡片2-2**
>
> ◎ 刘姥姥
>
> 刘姥姥是中国古典文学名著《红楼梦》中的人物。她是一位来自乡下贫农家庭的谙于世故的老婆婆，凤姐女儿巧姐的命运与她密切相关，巧姐判词和《留余庆》曲中均提及刘姥姥。刘姥姥在回目上出现了四次：第六回"刘姥姥一进荣国府"、第三十九回"村姥姥是信口开河"、第四十一回"刘姥姥醉卧怡红院"、一一三回"忏宿冤凤姐托村妪"。从篇幅上看，第六、四十、四十一回三大整回，以及三十九回后半回、四十二回前半回、一一三回前半回、一一九回后半回，都是浓墨重彩的刘姥姥正传。

我国建筑多为坐北朝南，从正门出去，南面位于正前方。东在左，是日出的方向，代表光明；西在右，是日落的方向，代表黑暗。于是左为阳，右为阴。古代宫殿、府第等建筑，门前大都有一对石狮子，雄狮在左，雌狮居右。在皇宫内院，也是东宫位尊于西宫，才有"东宫太子"之称。

受古代"左为尊，东为上"的影响，无论是婚宴、寿宴、满月宴还是谢师宴、宗祠宴，在座次中依然讲究"尊卑"和"长幼有序"。一般情况下，宴席中的尊位、主位都是视线开阔、进餐过程中受影响最小的位置，即正对房间门的位置，这个位置一般由宴席中的长辈、受尊敬的人来坐；待尊位或者主位确定了之后，以"左为上"来确定其他人的位置。

只有理解了中国人在宴席中以左和太阳升起的东方为尊的传统

中国民俗

文化，才能真正理解"做东""东家""东道主""东道国"等词汇的真正内涵。

二、中国符号——筷子

筷子是中国常用的饮食工具，至今已经有千年历史，已经成为中国文化史上的一个符号，是中国文明的见证。

（一）中国人为什么选择用筷子吃饭？

现在世界上人们进食的工具主要分为三类：欧洲和北美用刀、叉、匙，一餐饭三器并用；非洲、中东、印度尼西亚及印度次大陆以手指抓食；中国、日本、越南、韩国和朝鲜等用筷取食。那么，中国人为什么选择了用筷子吃饭呢？

中国人选择用筷子，与古时先民的主要食物有关系。中华先民主要是以农耕为主，农作物主要是以谷子为主。商周时期，人们在烹调食物时，喜欢将肉、菜等切成小块后与谷物一起蒸煮后用容器盛着吃，而要将小块的食物吃到嘴中，必须借助一定的餐具。为了满足当时人们进食的需要，勺子和筷子就都产生了。筷子最初的主要作用是用来夹取汤羹中的菜和肉。

著名教育家蔡元培1924年曾在法国里昂举办中餐宴会招待客人。席间，主人和巴黎大学欧乐教授就刀叉和筷子问题展开了有趣的探讨。蔡元培对客人说："早在三千多年前，我们的祖先也用过刀叉，不过华夏民族是酷爱和平的礼仪之邦，宴会上出现刀叉会被人视为凶器，影响友好欢乐的气氛。再说，中国的烹饪技术大有改善，不需要就餐时以刀一块块割肉，这样既浪费时间又欠文雅，所以从商周时代起就改用匕和箸进餐了。"欧乐教授听了蔡元培对筷箸的论述，连连点头，大为欣赏。

> **知识卡片2-3**
>
> ◎蔡元培
>
> 蔡元培（公元1868—1940年），字鹤卿，又字仲申、民友、孑民，乳名阿培，曾化名蔡振、周子余。汉族，浙江绍兴府山阴县（今浙江绍兴）人，清光绪进士。著名的教育家、革命家、政治家。民主进步人士，国民党中央执委、国民政府委员兼监察院院长，中华民国首任教育总长。1917—1927年任北京大学校长，革新北大，开"学术"与"自由"之风；1920—1930年，同时兼任中法大学校长。他早年参加反清朝帝制的斗争，民国初年主持制定了中国近代高等教育的第一个法令——《大学令》。1928—1940年蔡元培专任"中央研究院"院长，贯彻对学术研究的主张。蔡元培数度赴德国和法国留学、考察，研究哲学、文学、美学、心理学和文化史，为他致力于改革教育奠定思想理论基础。1933年，蔡元培倡议创建国立中央博物院，并亲自兼任第一届理事会理事长。抗战爆发初期，蔡元培与上海文化界知名人士联合组织成立了上海文化界救亡协会，积极组织发动文化界人士及民众投入抗日救亡运动。1940年3月5日蔡元培在香港病逝，葬于香港仔山巅华人公墓。

筷子有多种名称，先秦时期称"梜""荚""策"等。到了汉代，司马迁已称其为"箸"。自唐代起，一直到宋朝、元朝、明朝、清朝都统一称筷子为"箸"。到了明代，因"住"与"箸"谐

中国民俗

音，江南民间行船的人特别怕船"住"（即船停住了或被虫蛀），为图吉利，"箸"的名称就变为了"筷"。自清朝起，人们对筷子的称呼已习以为常。司马迁在《史记》中曾有"纣为象箸"的记载。以此推算，公元前1144年前后，即在3 100多年前，中国已出现了精制的象牙箸。唐玄宗奖励给丞相宋璟自己使用的一双金筷时说：我不是想赐给你金子，而是通过赐你筷子表扬你的正直。南朝的刘裕也给大臣沈庆之赐过筷子，以表达自己对他的宠信。《红楼梦》第四十回"史太君两宴大观园 金鸳鸯三宣牙牌令"中写道："那刘姥姥入了坐，拿起箸来，沉甸甸的不伏手。原是凤姐和鸳鸯商议定了，单拿一双老年四楞象牙镶金的筷子与刘姥姥。刘姥姥见了，说道：'这叉爬子比俺那里铁锨还沉，那里犟的过他'"[①]。从商朝时纣王使用的象牙筷到唐玄宗的金筷，再到红楼梦中贾府为了让刘姥姥感受到贾府的热情和地位单拿出一双老年四楞象牙镶金筷供她使用，都表明筷子不仅仅是普通的餐具，在古代也是身份和社会地位的象征。

（二）中国用筷子有哪些讲究？

1.如何拿筷子？

传统拿筷子的方法是：上面的筷子用大拇指、食指和中指控制，下面的筷子要固定，只动上面的筷子，然后夹住食物，两根筷子头部合起来，筷子尖对准，很容易就能夹起吃的东西。通常持握筷子有2种方法，手都是放在偏后部位，指尖接触位置均为筷子中间部位。

---

① 曹雪芹，高鹗.红楼梦[M].北京：中华书局，2014：533.

第二章　宴席文化知多少？

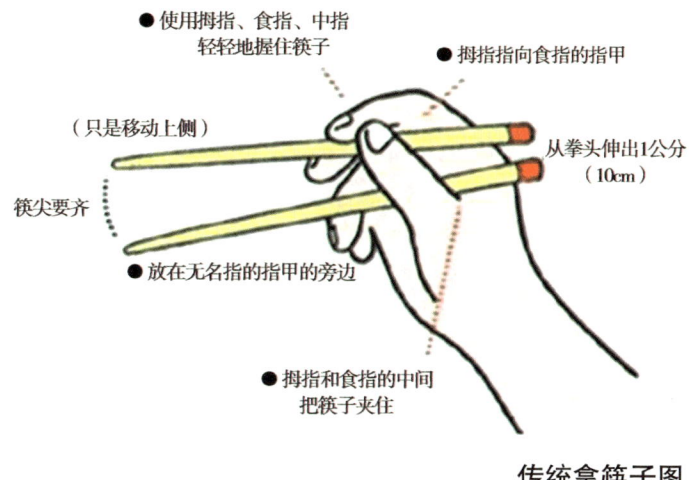

传统拿筷子图

在民间，有根据手距离筷头的远近来判断嫁娶对象远近的说法：如果手距离筷头远，女士则嫁的远，男士娶的远；如果手距离筷头近的话，则正好相反。

2.什么才是真正的中国筷子？

小小的两根筷子，在浩瀚的中华文明中远远超出了食器和饮食文化的范畴。中国筷子的标准长度是七寸六分，外形是长且直、上方下圆，使用时必须是两根，即一双。

"筷子长七寸六分"，代表了人的七情六欲，所谓喜、怒、哀、惧、爱、恶、欲，所谓食欲、性欲、情欲、占有欲、求知欲、出类拔萃欲。"筷子上方下圆"代表了天圆地方。天与圆象征着运动，地与方象征着静止，两者的结合则是阴阳平衡、动静互补。"天圆地方"的设计理念在中国古代的建筑、货币等方面均有表现，例如天坛与地坛、四合院、方孔圆钱等。两根筷子也就是一双筷子，这源于古代太极阴阳理论，即太极是一，阴阳是二。

在民间，筷子扮演着非常重要的角色。在广东的潮汕地区，新

郎新娘入洞房时要喝桂圆汤,但吃桂圆只能用筷子,寓意"快生贵子";结婚会以筷子作为陪嫁物,寓意成双成对;蒙古族的筷子舞,更让筷子有了喜庆和吉祥的意味。

在筷子使用的过程中,也有很多禁忌。比如,在宴席上,长辈未动筷子进食前,晚辈不可以率先动筷;筷子不能竖着插到碗里,这叫"当众上香",因为传统只有为死人上香时才这样做;吃饭时筷子不能掉落到地上,这叫"落地惊神";不能用筷子敲打碗盘,这叫"击盏敲盅",要饭才这么做;不能在用筷时做旁若无人状,用筷子来回在桌子上的菜盘里翻找,不知从哪里下筷为好,这叫"执箸巡城";还有把筷子长短不一地放在桌子上,叫"三长两短",不吉利。

一双筷子,折射出的正是中国文明和历史发展的侧面。无怪乎曾获诺贝尔物理学奖的李政道曾赞叹:"中国人在很早以前就发明了筷子。如此简单的两根东西,却巧妙绝伦地应用了物理学上的杠杆原理。筷子是人类手指的延伸,手指能做的事,它都能做,且不怕高热,不怕寒冻,真是高明极了。"

(三)筷子圈有多大?

世界各国以筷子为日常饮食工具的国家集中在汉字文化圈,主要有中国、日本和韩国。

日本很崇拜中国的筷子文化,至今还保持着中国筷子的古称"箸"。日本从中国引入筷子后,在自己的饮食生活中普及筷子,并产生了独特的筷子文化。筷子现在已经成为日本料理的必备工具。相比于中国的筷子,日本筷子多木质、稍短、尖头粗尾,这是为了适应日本饮食多生冷、分餐制的特点,尖锐的筷子头可以很好地除鱼刺,使用起来更方便。一人一桌的和食让他们不用使用很长的筷子。因为日本医学家认为使用筷子会让人变得聪明，所以日本用筷子的人越来越多。每年8月4日，日本人会庆祝他们的"筷子节"，每年的这一天，日本许多地方都会举办相关祭典。例如东京山王日枝神社，为了表达对"筷子"的感谢之意，同时祈愿延长寿命、消除灾祸，通常会在这一日举办"筷子感谢祭"。日本的农村在播种、插秧、收获或者生日、婚嫁的宴席上，都要更换新筷，表达愉悦之情。

知识卡片2-4

◎日本的筷子节

筷子节是日本的民俗节日，在每年的8月4日。日本人在动用筷子前必先说声"领受了"，餐后放下筷子则说"蒙赐盛馔"，这些充满宗教感情的话语，实为感谢从山、海采撷食物的人及天地、大自然的恩赐。参加筷子节的有筷子生产商、经销商、饮食业经营者和一些群众，仪式过后，他们把成万双使用过的筷子焚烧，作为供奉。

韩国的筷子是中等长度，韩国筷子的形状既不是中国的圆柱体，也不是日本的上粗下细，而是扁状的较多。材质主要是不锈钢，一举筷就叮当作响。韩国筷子细小又重，所以对外国人来说是最难使用的。韩

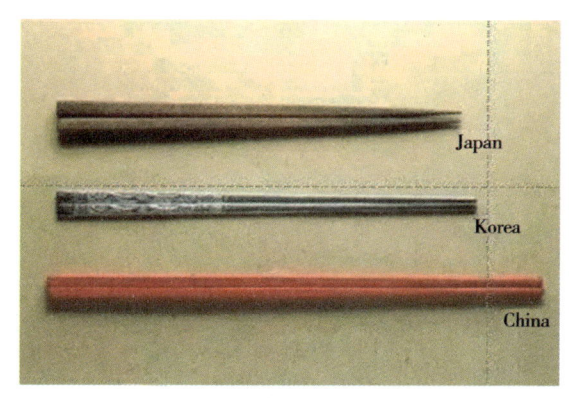

中国、韩国、日本筷子对比图

中国民俗

国的筷子与中国和日本的筷子相比要纤细一些，用手抓比较光滑，比较难控制。韩国筷子又重又扁平，其实是为了夹泡菜方便，扁薄的筷子更容易撕开泡菜。而且韩国人喜吃烤肉，用金属筷子就不会被烤炉烤坏。韩国人就餐时很少端碗，都是依靠筷子来进食，因为在韩国有"捧碗"即"要饭"之意。但韩国人在餐桌上也会像中国人一样，一顿饭吃得热火朝天、亲情四溢。

三、无酒不成席

中国人自古以来就把酒看得十分神圣。从最早用酒祭祀开始，到朋友相聚、庆贺喜事等都离不开酒，中国人逐步确立了"无酒不成席"的传统。

（一）何以解忧？唯有杜康

关于酒的起源，历来众说纷纭。不过，中国人普遍认同的有猿猴造酒、仪狄造酒、杜康造酒三种。杜康造酒的说法主要是由于曹操的乐府诗《短歌行》中的一句"何以解忧，惟有杜康"而流行。在这里，杜康是酒的代名词，因此，人们把姓杜名康的这个人当成了酿酒的祖师。

知识卡片2-5

◎《短歌行二首》

《短歌行二首》是东汉末年政治家、文学家曹操以乐府古题创作的两首诗。第一首诗通过宴会的歌唱，以沉稳顿挫的笔调抒写诗人求贤如渴的思想感情和统一天下的雄心壮志；第二首诗借礼赞周文王、齐桓公、晋文公坚守臣节的史事，申明自己只有辅佐汉室之志，绝无代汉自立之心。

◎杜康

据《史记》记载，杜康是夏朝的国君。杜康是中国古代传说中的"酿酒始祖"，汉《说文解字》载："古者少康箕帚、秫酒。少康，杜康也"。

因杜康善酿酒，后世将杜康尊为酒神，制酒业则奉杜康为祖师爷。后世多以"杜康"借指酒。

河南省洛阳市汝阳县有杜康沟、杜康泉、杜康河、杜康墓和杜康庙，当地流传着杜康造酒的传说。传说在黄帝的时候，有一个叫杜康的人专门负责管理粮食。当时，随着农耕的发展，粮食每年都获得大丰收，可是，粮食多了吃不完，只能储藏在山洞里，山洞阴暗潮湿，时间一久，粮食全部腐烂了。杜康见状，开始苦思冥想储粮的方法。这一天，杜康来到树林里散步，发现了几棵枯死的大树，只剩下粗大空荡的树干。杜康灵机一动，把粮食全部倒进了干燥的树干里。两年以后，装在树洞里的粮食，经过风吹、日晒、雨淋，慢慢地发酵了。一天，杜康上山查看粮食时，突然发现一棵装有粮食的枯树周围躺着几只山羊、野猪和兔子。开始他以为这些野兽都是死的，走近一看，发现它们还活着，似乎都在睡大觉。杜康一时弄不清是啥原因，还在纳闷，一头野猪醒了过来。它一见来人，马上窜进树林去了。紧接着，山羊、兔子也一只只醒来逃走了。杜康上山时没带弓箭，所以也没有追赶。他正准备往回走，又发现两只山羊在装着粮食的树洞跟前低头用舌头舔着什么。杜康

中国民俗

连忙躲到一棵大树背后观察，只见两只山羊舔了一会儿，就摇摇晃晃起来，走不远就躺倒在地上了。杜康飞快地跑过去把两只山羊捆起来，然后才详细察看山羊刚才用舌头舔过的地方。不看则罢，一看可把杜康吓了一跳。原来装粮食的树洞，已裂开一条缝子，里面的水不断往外渗出，山羊、野猪和兔子就是舔了这种水才倒在地上的。杜康用鼻子闻了一下，渗出来的水特别清香，自己不由得也尝了一口。味道虽然有些辛辣，但却特别醇美。他越尝越想尝，最后一连喝了几口。这一喝不要紧，霎时，只觉得天旋地转，刚向前走了两步，便身不由己地倒在地上昏昏沉沉地睡着了。

醒来后，杜康将树洞里渗出来的这种味道浓香的水盛了半罐，去找黄帝。黄帝听完报告，仔细品尝了杜康带来的味道浓香的水，立刻与大臣们商议此事。大臣们一致认为这是粮食中的一种元气，并非毒水。黄帝没有责备杜康，命他继续观察，仔细琢磨其中的道理；又命仓颉给这种香味很浓的水取个名字。仓颉随口道："此水味香而醇，饮而得神。"说完便造了一个"酒"字。黄帝和大臣们都认为这个名字取得好。

晋朝人江统的《酒诰》中指出："有饭不尽，委余空桑；郁积成味，久蓄气芳；本出于此，不由奇方。"农耕的发展有了富余的粮食是杜康能造出酒的重要条件，谷物酿酒也随之问世。东汉许慎《说文解字》中"古者少康箕帚、秫酒。少康，杜康也"[①]。秫，是高粱的统称，可见杜康是高粱酒的创始人。

---

① 许慎.说文解字[M].北京：中华书局，2020：229.

（二）持酒以礼 长幼有序——酌献酬酢

礼仪是政治的外在形式，古今中外都非常注重礼仪。中国古话说"礼始诸饮食"，礼仪的建立是从饮食开始的，它使饮食的地位空前提高，而饮食的主角是酒。据《周礼》《礼记》中的记载，中国创始了世界上最古老、最复杂的饮酒和祭酒礼仪体系。有酒的宴席才是正式的宴席、有气氛的宴席，而正是通过酒的摆放位置、饮酒时的长幼之序，显示了礼仪，并进行社会等级的确认。"无酒不成礼"，因酒而有酒礼。

酒是中国古代祭祀中最主要的祭品。古人通过酒的供奉和传递，表达了敬天、敬地、敬神、敬祖先的意愿。"祭必酒，酒必祭"成为我国历来必行的礼则。

史书《魏略》记载了三国名将钟会幼年偷酒的轶事：一天中午，钟会和哥哥钟毓想趁父亲午睡偷喝家中的酒，不料其父钟繇只是假寐，看到了他们的所有举动。钟毓端了酒，先作个揖，然后才开始饮；钟会则举起酒瓢一饮而尽。钟繇遂叫住他们二人问其中的原因。钟毓说："酒以成礼，不敢不拜"，意思是饮酒便应尊礼。钟繇点头，再问钟会。钟会则说："偷本非礼，所以不拜。"他的理由是，盗酒已是非礼，还谈何酒礼呢？

古人饮酒时，体现了长幼有序。如主人和宾客一起饮酒时，要相互跪拜。晚辈在长辈面前饮酒，叫侍饮，通常要先行跪拜礼，然后坐入次席。长辈命晚辈饮酒，晚辈才可举杯；长辈酒杯中的酒尚未饮完，晚辈也不能先饮尽。中国历史上一般的饮酒礼仪约有四步：拜、祭、啐、卒爵。就是先做出拜的动作，表示敬意；接着把酒倒出一点在地上，祭谢大地生养之德；然后尝尝酒味，并加以赞

中国民俗

扬,令主人高兴;最后仰杯而尽。在现代宴席上,前三杯酒不是对某一个人的,而是主人对于客人的敬意,体现了酒席的主题。第一杯酒,一定是主人敬客人;第二杯酒,一般是客人酬谢主人;第三杯酒,则是主人接受客人酬谢后的回敬。主人要向客人敬酒(叫酬),客人要回敬主人(叫酢),敬酒时,主人需要说敬酒辞。客人之间相互也可敬酒(叫旅酬),有时还要依次敬酒(叫行酒)。在"酒过三巡"后,可以单独敬酒。敬酒时,敬酒的人和被敬酒的人都要"避席"起立。

藏族人以歌敬酒

图源:CCTV9《舌尖上的中国(第一季)》第7集《我们的田野》

中国五十六个民族,各个民族都有自己的酒礼。

藏族人十分好客,只要有远方的客人到来,主人都会为远方的客人献上青稞酒。因为青稞酒的酒精含量约是10度左右,被人们称为"西藏啤酒"。喝酒时,主人会向客人敬三杯酒。此时,客人应当双手接过酒杯,喝一口,主人添满,客人再喝一口,反复三次之后,才可一饮而尽,之后可以按照自己的酒量进行饮酒,被称为"三口一杯"礼仪。如果你不会饮酒,可以用右手无名指蘸酒向天上弹三下,主人便不再强劝。

第二章 宴席文化知多少？

知识卡片 2-6

◎青稞

青稞是禾本科、大麦属，一年生草本植物，三秆直立，高可达100厘米，叶鞘光滑，两侧具两叶耳，互相抱茎；叶舌膜质，叶片微粗糙。穗状花序成熟后黄褐色或为紫褐色，小穗颖线状披针形，被短毛，先端渐尖呈芒状，外稃先端延伸，两侧具细刺毛。颖果成熟时易于脱出稃体。

青稞是中国藏区居民的主要食粮和燃料，而且也是啤酒、医药和保健品生产的原料。中国西北、西南各省常栽培。适宜生长在高原清凉气候，耐寒性强，生长期短，高产早熟，适应性广。

下马酒是蒙古族接待客人时的一种礼仪，当尊贵的客人来到草原时，主人会双手献上哈达，同时奉上一杯下马酒。客人应接过下马酒，然后用左手端酒，右手无名指蘸酒弹向天空，称为"敬天"，同样的动作弹向地面，称为"敬地"，最后向前方平弹，称为"敬祖先"，敬完后双手端碗一饮而尽，表示对主人的尊敬。

下马酒

图源：CCTV10《文明密码》
草原饮食风情 蒙古族敬礼下马酒

中国民俗

知识卡片 2-7

◎哈达

哈达是蒙古族、藏族人民作为礼仪用的丝织品,是社交活动中的必备品。它是表示敬意和祝贺用的长条丝巾或纱巾,多为白色,蓝色,也有黄色等。此外,还有五彩哈达,颜色为蓝、白、黄、绿、红。蓝色表示蓝天,白色是白云,绿色是江河水,红色是空间护法神,黄色象征大地。五彩哈达是献给菩萨和近亲时做彩箭用的,是最珍贵的礼物。佛教教义解释五彩哈达是菩萨的服装。所以,五彩哈达只在特定的情况下使用。

施酒礼对于土族来说历史悠久。当得知有宾客将登门时,主人会早早地准备好酒具,在村前恭候。不管客人是步行、骑马、坐车,主人都要恭敬地为每位客人献上三杯酒,按土族人的说法是下马酒。在主人的簇拥下,客人被引到家门前,这时又有一伙人拦住去路,并举杯斟酒,要客人喝进门酒。待客人在铺有大红羊毛毡的炕上坐定,笑容可掬的土族姑娘就会端酒来到客人面前,名曰吉祥如意酒。宴席完毕,当客人致谢告辞即将离去时,主人还要捧酒敬客三杯,名曰上马酒。土族人认为,客人酒喝得越多,席间气氛越热烈,主人越感到光彩,是自己待客周到与成功的标志。对不会喝酒者,主人也十分宽容,客人只需用无名指蘸酒向空中弹三下,即表示了对主人的敬意。

水族待客以酒为贵,并有"客人不醉不罢休"的不成文规矩。肝胆酒是水族待客重要的礼仪酒,代表苦乐与共,肝胆相照。客人入席、酒过三巡之后,主人会取出猪胆,将胆汁注入酒壶,给每个人斟一杯，客人先喝，然后主人再喝。喝酒至兴，往往还会喝交杯酒。

贵州东南一带的苗族，接待来客要敬献醇香可口的牛角酒。苗家人都有外形美观、雕刻花纹的水牛角，客人到寨门时，穿着华丽的苗家姑娘举起牛角酒敬客，同时还有几位姑娘在客人胸前挂两三只紫红色彩蛋，表示吉祥如意。客人只要双手捧住牛角，一饮而尽，就会顺利进入苗寨。

水族肝胆酒

图源：搜狐网《未来酱：探秘四个少数民族饮酒文化，解密民族不同待客酒俗》

苗族牛角酒

图源：CCTV10《文明密码》湘西苗乡探秘

"酒之趣，在于雅。"饮酒像品茗一样，不能视作单纯满足口腹之欲的一种手段。数千年的饮酒礼仪中浸润着深厚的酒文化，现代人要从饮酒中寻求一种更高层次的精神和审美享受。

（三）行令饮酒——助兴取乐

酒令是中国人在饮酒时助兴的一种特有方式。席间会推举一人为令官，余者听令轮流说诗词、联语或其他类似游戏，违令者会被要求罚饮。行令者又称"酒司令"，而这个"司令"权是要轮流行使的，所以，轮到的人也叫"关主"，又称"行令饮酒"。

中国民俗

酒令最早诞生于西周而完备于隋唐。在秦汉以前，酒令如同军令一样严苛。《红楼梦》中鸳鸯吃了一盅酒，笑着说："酒令大如军令，不论尊卑，唯我是主，违了我的话，是要受罚的。"《史记》曾载，公元前182年（高后六年），吕后举行酒宴，刘章入宫侍奉，吕后令其担任酒吏。刘章表示："我是武将的后代，请允许我按照军法来监酒。"不久，吕氏家族中有一人喝醉了，逃离了酒席，刘章追过去，拔剑杀了他，然后回来禀报说："有一人逃离了酒席，臣执行军法杀了他。"对此吕后也无可奈何。

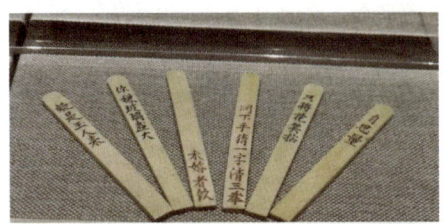
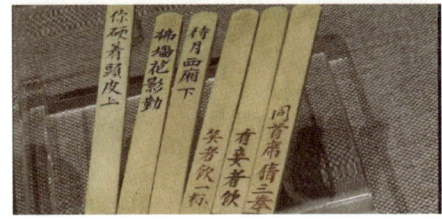

清末象牙雕酒令

图源：四川博物馆馆藏

> 知识卡片2-8

◎刘章

刘章（公元前200—公元前177年），西汉初年宗室，汉高祖刘邦的孙子，齐悼惠王刘肥的次子。吕后称制期间被封为朱虚侯，后来因在诛灭吕氏外戚的过程中有功而被加封为城阳王。去世后谥号为景。

《史记》也记载了另一个令人惊奇的故事。齐威王得到淳于髡劝谏而一鸣惊人，齐威王为犒劳淳于髡，当着满朝文武赐他饮酒，淳于髡说："喝一斗酒也能醉，喝一石酒也能醉。"齐威王大为不解。他回答道："大王赐我酒，怎敢不喝，不过前有执法官，后有御史，我心惊胆战，恐怕喝不了多少就会酩酊大醉。如果是陪父母喝酒，大概喝两斗就醉了；如果是陪同远来的客人，大概能喝五六斗；如果是在乡间的宴会，男女杂坐，不拘礼法，喝了一石也没有醉意。"淳于髡所说的执法官就是酒令官，因为惧怕违反酒令受到执法官惩罚，所以战战兢兢，不敢饮酒。

知识卡片2-9

◎《战国策》

《战国策》又称《国策》，为西汉刘向编订的国别体史书。全书共三十三卷，分"东周""西周""秦""楚""齐""赵""魏""韩""燕""宋""卫""中山"十二国的"策"论。《战国策》主要记述了上起公元前490年智伯灭范氏，下至公元前221年高渐离以筑击秦始皇，共245年的战国时期纵横家（游说之士）的政治主张和策略，或者说记录了战国时纵横家游说各国的活动和说辞及其权谋智变斗争的故事，展示了战国时期的历史特点和社会风貌，是研究战国历史的重要典籍。

中国民俗

知识卡片2-10

◎齐威王

齐威王（公元前378—公元前320年），妫姓，田氏，名因齐，田齐桓公（与春秋五霸之首的姜齐桓公非同一人）田午之子，战国时期齐国（田齐）第四代国君，公元前356年至公元前320年在位。

齐威王原为侯，齐威王二十三年（公元前334年），魏惠王和齐威王在徐州会盟，互相承认对方为王，史称"徐州相王"。齐威王以善于纳谏用能、励志图强而名著史册。齐威王在位时期，针对卿大夫专权、国力不强之弊，任用邹忌为相，田忌为将，孙膑为军师，进行政治改革，修明法制，选贤任能，赏罚分明，国力日强。经桂陵、马陵两役，齐军大败魏军，齐威王开始称雄于诸侯。齐威王礼贤重士，在国都临淄（今山东淄博东北）稷门外修建稷下学宫，广招天下贤士议政讲学，成为当时的学术文化中心。齐威王去世后葬于田齐王陵（在今山东省淄博市临淄区齐陵镇内）。

猜拳图

酒令最主要的目的是活跃饮酒时的气氛。行酒令的方式可谓五花八门。文人雅士与平民百姓行酒令的方式自然大不相同。文人雅士常用对诗或对对联、猜字或猜谜等，一般百姓则用一些既简单又不需做任

60

第二章 宴席文化知多少？

何准备的行令方式。最常见也最简单的是"同数"，现今一般叫"猜拳"，即用若干个手指的手势代表某个数，两人出手后，相加后必等于某数，出手的同时，每人报一个数字。如果甲所说的数正好与加数之和相同，则算赢家，输者就得喝酒；如果两人说的数相同，则不计胜负，重新再来一次。

还有一种既热闹又紧张的酒令是"击鼓传花"。在酒宴上宾客依次坐定位置。由一人击鼓，击鼓的地方与传花的地方是分开的，以示公正。开始击鼓时，花束就开始依次传递，鼓声一落，如果花束在某人手中，则该人就得罚酒。因此，花束的传递很快，每个人都唯恐花束留在自己的手中。击鼓的人也得有些技巧，有时紧，有时慢，令人捉摸不定，更加剧了场上的紧张气氛。一旦鼓声停止，大家都会不约而同地将目光投向接花者，此时大家一哄而笑，紧张的气氛一消而散。接花者只好饮酒。如果花束正好在两人手中，则两人可通过猜拳或其他方式决定负者。击鼓传花是一种老少皆宜的方式，但多用于女客。《红楼梦》第五十四回"贾太君破陈腐旧套 王熙凤效戏彩斑衣"中写道：凤姐儿见贾母十分高兴，便笑道"趁着女先儿们在这里，不如叫他们击鼓，咱们传梅，行一个'喜上眉梢'的令如何？"……那女先儿们皆是惯

《红楼梦》击鼓传花令

图源：87版电视剧《红楼梦》第二十一集
"荣国府元宵开夜宴"截图

的，或紧或慢，或如残漏之滴，或如迸豆之疾，或如惊马之乱驰，或如疾电之光而忽暗……①这一段击鼓传花场景的描写好不热闹，如身临其境般。

与击鼓传花相似又较文艺的一种酒令叫"曲水流觞"。古时，每年上巳节（三月初三）举行祓禊仪式（一种除灾求福的活动）后，人们会坐在河渠两旁，并在河渠的上游放置好酒杯。酒杯顺流而下，停在谁的前面，谁就要取杯饮酒，代表着去除灾祸和不吉。"曲水流觞"开启了酒令的高雅时代。

雅令还包括文字令、飞花令等种类，雅令需要较高的文学素养和急智，答不上来只得饮酒认罚，如果酒宴之上的一席人文学水平不对等，有人很快就会醉倒。

（清）俞龄的《曲水流觞图》局部

图源：广西博物馆藏

知识卡片2-11

◎文字令

文字令内容覆盖极广，通常以联诗作赋的形式涵盖经史百家、诗文词曲、谚语典故等。这些酒令虽为席间娱乐之用，但又考验了行令人的学识、才华和机智，只有那些具有很高文化素养的人才能应对自如，不经意间还常有令人拍案叫绝的佳作出现，所以文字令又称作"雅令"。

---

① 曹雪芹，高鹗.红楼梦[M].北京：中华书局，2014：742.

第二章 宴席文化知多少？

> **知识卡片2-12**
>
> ◎飞花令
>
> 飞花令源自古人的诗词之趣，得名于唐代诗人韩翃《寒食》中的名句"春城无处不飞花"。行飞花令时可选用诗词曲中的句子，但选择的句子一般不超过七个字。飞花令要求，对令人所对出的诗句要和行令人吟出的诗句格律一致，而且规定好的字出现的位置同样有着严格的要求。可背诵前人诗句，也可临场现作。行飞花令时可选用诗和词，也可用曲，但选择的句子一般不超过七个字。行令人一个接一个，当做不出诗、背不出诗或做错、背错时，由酒令官命令其喝酒。

可见，酒令不仅成为佐酒助兴、活跃宴席的重要手段，而且形成了中华独特的"酒中的文化"。

宴席文化是中华美食文化的最高境界，背后是中国区别于其他国家、独一无二的民族文化；宴席也连接起了中国人共通的家国情怀，极大弘扬、激发了我们的民族自信和文化自信。

（四）知己知彼

每个国家的人民都有最喜欢喝的酒。中国的白酒、韩国的烧酒、俄罗斯的伏特加、法国的葡萄酒，形成了各自独特的酒文化。

韩国人很喜欢喝酒，常喝的酒有米酒、烧酒、啤酒、药酒、覆盆子酒等，韩国男

韩国烧酒

图源：爱奇艺《人文地理：国际名酒知识与品鉴——韩国烧酒历史背景》

中国民俗

俄罗斯的伏特加

图源：优酷电影《战斗民族养成记》截图

女老少更爱喝的是烧酒。韩国人倒酒时有严格的倒酒次序，一般是先从最年长者开始依年龄顺序倒酒，最后他人给倒酒人添满酒杯，体现长幼有序。

伏特加这种高浓度烈酒更适合俄罗斯这个冰天雪地的国家，也体现了俄罗斯民族豪迈、奔放的性格。对于伏特加，俄罗斯人更像是对待自己的生命，将96度的伏特加称为"生命之水"。

法国人的浪漫已为世人所知，在法国饮酒则可谓人生之一大享受。法国的葡萄酒文化伴随着法国的历史与文明成长和发展起来，葡萄酒文化已渗透进法国人的宗教、政治、文化、艺术及生活的各个层面。法国人对酒很讲究，一餐中可以饮几种不同的酒，而且先后次序分得清清楚楚，大致上是先餐前酒，之后是正餐酒。

法国餐前酒

法国正餐酒

第三章
中国数字的爱与恶

中国民俗

西汉时期的司马相如辞别成婚不久的娇妻卓文君，到长安做官。卓文君思念丈夫，日日盼望司马相如来信。岁月如梭，五年后司马相如才传书一封，仅有十三个数字：一二三四五六七八九十百千万。才思敏捷的卓文君看后，挥笔回书：

一别之后，二地相悬。

只说是三四月，又谁知五六年？

七弦琴无心弹，八行书无可传。

九连环从中折断，十里长亭望眼欲穿。

百思想，千系念，万般无奈把郎怨。

万语千言说不完，百无聊赖，十依栏杆。

重九登高看孤雁，八月中秋月圆人不圆。

七月半，烧香秉烛问苍天，

六月伏天，人人摇扇我心寒。

五月石榴红似火，偏遇阵阵冷雨浇花端。

四月枇杷未黄，我欲对镜心意乱。

忽匆匆，三月桃花随水转。

飘零零，二月风筝线儿断。

噫，郎呀郎，

巴不得下一世，你为女来我做男。

司马相如书信中这十三个数字和卓文君回信中的数字各有什么样的含义？

司马相如信中的十三个数字中无"亿",卓文君将其理解为丈夫对两人之间的过往不再留恋。因此,卓文君在《怨郎诗》中将司马相如书信中的十三个数字嵌入自己的诗中,表达出十分悲痛的心情,旁敲侧击,倾诉衷肠。司马相如看完妻子的信,遥想昔日夫妻恩爱之情,羞愧万分,从此不再提遗妻纳妾之事。两人白首偕老,安居林泉。

知识卡片3-1

◎司马相如

司马相如(约公元前179年—公元前118年),字长卿,蜀郡成都人,汉赋四大家,被誉为赋圣、辞宗。幼居蓬州(今四川南充蓬安),大赋《子虚赋》名扬四海,为求爱卓文君所赋《凤求凰》流芳百世。

◎卓文君

卓文君,本名卓文后,西汉时期蜀郡临邛(今四川省成都市邛崃市)人,被誉为中国古代四大才女、蜀中四大才女。其父卓王孙为蜀郡临邛的冶铁大亨,仅家僮就有八百名。卓王孙分给私奔的卓文君百名僮仆、百万两钱,成一段佳话。卓文君姿色娇美,通音律,善抚琴,所著《白头吟》诗句"愿得一心人,白头不相离"流传至今。

从结绳记事到数字时代,数字本质上是用来计算事物或动作的数量或顺序的一种计算符号。随着人类进入文明社会,数字也成为人类表达喜好情感,与人类生命健康、生活幸福、死亡灾难等相

中国民俗

连的一种文化语言。受国家、民族、地域、哲学观、宗教观、价值观、风俗习惯等不同的影响，数字被赋予了各种褒贬、吉凶的象征意义，形成了具有民族特色和地域特色的数字文化。因不同的数字承载了不同的文化内涵，人们对代表吉利、幸福、健康、和谐的数字产生了数字崇拜，而对代表凶险、灾难、疾病、动荡的数字形成了数字禁忌。因此，数字除了本身具有的计数功能外，还承载了一个国家和民族的文化信息。中华民族根据自己的行为习俗和思维习惯，赋予了数字不同的文化内涵。

一、传统文化中十个基本数的含义是什么？

（一）"一"——万物之始

"一"是数之始，"汉民族自古尊崇数词'一'，认为'一'是万数之始，万物之祖，万事之源。"① 《说文解字》（以下简称《说文》）中写道："一，惟初太始，道立于一，造分天地，化成万物。凡一之属皆从一。"② 《道德经·四十二章》中有"道生一，一生二，二生三，三生万物"。③ "一"代表了物质世界的整体，是无所不包、独一无二的数字。

知识卡片3-2

◎《说文解字》

《说文解字》简称《说文》，是由东汉经学家、文字学家许慎编著的语文工具书著作。《说文解字》是中国最早的系统

---

① 常敬宇.汉语词汇文化[M].北京：北京大学出版社，2009：92.
② 许慎.说文解字[M].北京：中华书局，2020：1.
③ 朱谦之.新编诸子集成：老子道德经注校释[M].北京：中华书局，2000：100.

分析汉字字形和考究字源的语文辞书，也是世界上很早的字典之一。其内容共十五卷，其中前十四卷为文字解说，字头以小篆书写。此书编著时首次对"六书"做出了具体的解释，逐字解释字体来源。第十五卷为叙目，记录汉字的产生、发展、功用、结构等方面的问题，以及作者创作的目的。《说文解字》是最早的按部首编排的汉语字典。全书共分540个部首，收字9 353个，另有"重文"（即异体字）1 163个，共10 516字。

"一"首先代表了事物最初的形式或形象，并在事物发展过程中能保持最初的状态。因此，中国人有"一见如故"的挚友和"一见钟情"的爱人；有"一如既往"的坚持和"一往无前"的精神；有"一帆风顺"和"一路平安"的祝福。中国人喜欢"一"，还因为它有整体、全部的内涵，能将中国人对团结、和谐、统一的追求充分表达出来。中国人既有克服困难时的"一马当先"和"万众一心"，又有专心做事的"一心一意"和"一丝不苟"，还有对"一家团聚"和"天下一家"的理想追求。

（二）"二"——和谐对称

《周易》中讲道："易有太极，是生两仪，两仪生四象，四象生八卦，八卦定吉凶。"[①]中国传统文化认为，事物都由阴和阳两方面构成，只有阴阳交合，才能滋生万物。受传统文化的影响，中华民族形成了对称、平衡、和谐和稳定追求的心理。

---

① 黄寿祺，张善文.周易译注（修订本）[M].上海：上海古籍出版社，2001：556.

中国民俗

> **知识卡片3-3**
>
> ◎《周易》
>
> 《周易》即《易经》，是传统经典之一。相传系周文王姬昌所作，内容包括《经》和《传》两个部分。《经》主要是六十四卦和三百八十四爻，卦和爻各有说明（卦辞、爻辞），作为占卜之用。《传》包含解释卦辞和爻辞的七种文辞共十篇，统称《十翼》，相传为孔子所撰。

成双成对的结婚用品

对"和谐""对称（对偶）"的追求，促使中华民族将这一思想寄托到语言文字、建筑设计等方面。比如，生活中常将新婚夫妻称为"一对新人"，将他们的世界称为"二人世界"，置办结婚用品时必须成双成对。享誉海内外的故宫作为建筑史上的奇迹，其对称性主要体现在它的总体设计上，即沿着一条南北向的中轴线排列，三大殿、后三宫、御花园都位于这条中轴线上，并向两旁展开，南北取直，左右对称。除了总体设计，故宫的每一座宫殿建筑也是体现对称性的楷模。比如中轴线上的太和殿、中和殿、保和殿、乾清宫、交泰殿、坤宁宫等，无一不体现着四平八稳、对称中和的端庄大气。以上这些均体现了一种"和谐、对称"之美。

除了表示"和谐、对称"外，"二"也含有贬义，表示"变节、背叛"。"二"的这层内涵从古代一直使用到现代，从古代的"一臣不事二主"到现在人们生活中常说的"三心二意"，都是该内涵的体现。

第三章　中国数字的爱与恶

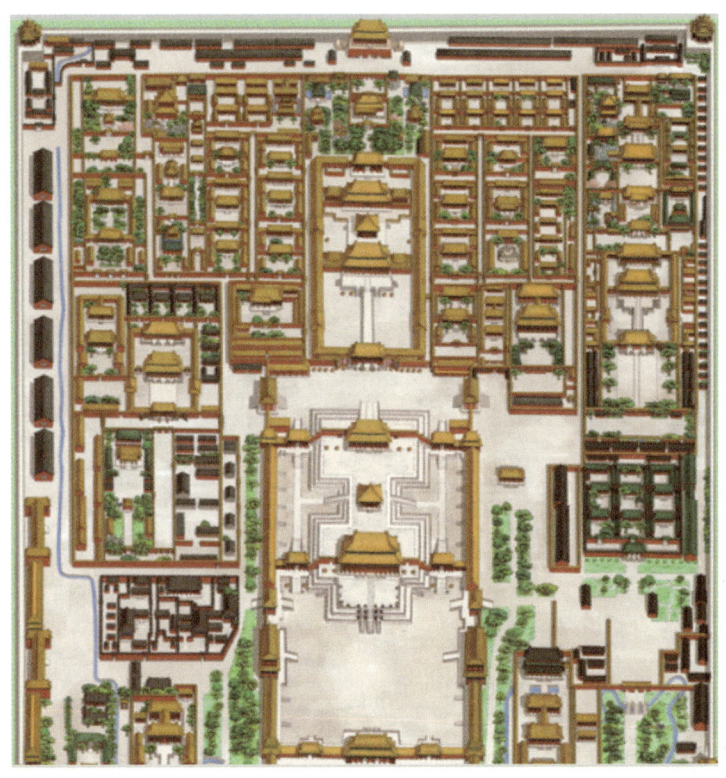

故宫平面图

图源：故宫博物院官网（https://www.dpm.org.cn/Home.html）

（三）"三"——神圣圆满

因中国人崇尚和谐与对称之美，故偏爱偶数。但"三"是奇数，却和偶数一样受到中国人的喜爱。《说文解字》将"三"解释为："天地人之道也。从三数。"① "三"可以生成世间万物。传统文化中"三"隐含了完全、完美之意，因而人们喜欢用"三"来形容美好、神圣和圆满。古时，科举考试中有"三甲"；古人将"松、竹、梅"称为"岁寒三友"；儒家认为人应有"三畏"，即"畏天命、畏

---

① 许慎.说文解字[M].北京：中华书局，2020：1.

71

中国民俗

宋　赵孟坚《岁寒三友图》

图源：台北故宫博物院藏

惧大人、畏圣人之言"；古人行礼要三让、三揖，做事要"三思而后行"；人要"三十而立"，更有"三军可夺帅，匹夫不可夺志""举一隅不以三隅反"的名言。今天，数字"三"在多数情况下都表示"多、很多"，如"一日不见如隔三秋""三顾茅庐""三头六臂""举一反三"中的"三"都表示数量多。但偶尔"三"也表示少，如"三言两语""三三两两""三五成群"等。

知识卡片3-4

◎三甲

三甲的说法源自我国始于隋唐的科举考试制度。自宋太平兴国八年始，进士殿试后分一甲、二甲、三甲三等，合称三甲。《辞源》有"三甲"条目，引用《宋史·选举制》指出"三甲"的由来："太平兴国八年，进士诸科，始试律义……进士始分三甲。"以清代科举为例，分四级。童试包括县、府、

72

院试，考中者为生员，通称秀才。乡试是省级考试，考中者为举人，第一名为"解元"。会试是全国性考试，考中者为贡士，第一名为"会元"。殿试在会试后举行，由皇帝在宫中主持，也叫廷试，贡士均可参加，以成绩高低分为"三甲"。一甲赐"进士及第"只取三名，第一名状元，第二名榜眼，第三名探花；二甲赐"进士出身"若干名，第一名通称传胪；三甲赐"同进士出身"若干名。

藏民族常把美好的事物用"三"这个数字连结在一起，常用数字三来表达吉利或表示某些象征。比如，用三来象征日、月、星三光；用三来象征天上、地上和地下，把宇宙分为三个部分；堆谐以"三步一变"为基本变化组合；藏医"三因学说"（龙、赤巴、培根这三大因素是构成人体的物质基础）等。在藏族的文学作品、日常生产生活中，三的象征含义尤为广泛而深刻，在婚俗中使用也比较广泛。比如，选择吉日一般为初三，给客人敬酒是

堆谐

图源：西藏卫视《西藏诱惑》之"藏地密码之高原踢踏舞——堆谐"

三杯，喝酒前用无名指蘸酒向上、中、下三方弹三次，迎亲道上设三道祭坛或三道木排栅栏，婚期一般为三天等。藏族人还把骑士的弓、箭和腰刀亲切地称为随身携带的"三眷属"，这就不仅把三这个数字与美好连结，还赋予它威武、崇高的气概。

中国民俗

知识卡片 3-5

◎ 堆谐

堆谐在西藏广泛流传,至今已有七百多年的历史。"堆"指西藏地势较高之处,包括雅鲁藏布江上游日喀则地区的拉孜到定日县一带和阿里的部分地区;"谐"是歌舞的意思。堆谐系该地区民众中流行的一种融歌舞、说唱、弹奏为一体的民间艺术。它在日喀则最为盛行,常见于旷地、街头、庭院和林卡之中。

流传在拉孜县的堆谐以六弦琴为伴奏乐器,表演时演员边弹边唱边跳。参加演出的人数可多可少,既可独跳弹唱,也可双人或多人组合弹唱。拉孜县80%的群众都会弹唱六弦琴,每逢重大节庆活动,拉孜县都要进行堆谐表演。

2008年6月7日,西藏自治区拉孜县申报的"堆谐",经国务院批准,列入第二批国家级非物质文化遗产名录。

(四)"四"——周全、称心

四为甲骨文字形,象鼻子喘息呼气之形。《说文解字》将"四"解释为:"阴数也。像四分之形。"[1]四的词义除了序数第四之外,也指事。后逐渐包含周全、称心的说法,取事事称心之意。因此,几千年来,"四"往往和神圣吉祥,成双成对联系在一起。

汉民族礼俗讲求"四平八稳",送贺礼习惯凑成四样,称为"四式";传统结婚礼仪中,礼桌上必摆红枣、红高粱、红蜡烛、红布绢四样;新娘讲究,穿红衣、红裤、红鞋、红袜四件,寓意"四

---

[1] [汉]许慎.说文解字[M].北京:中华书局,2020:477.

红四喜",有吃有穿、光景红火;儿女结婚,把红枣、花生、桂圆、栗子四样东西放在嫁妆里、火炕上、被角里,寓意早生贵子;酒席上为庆祝新郎新娘新婚,喝酒都要先喝八杯,名曰"四红四喜";必备菜肴四喜丸子;在我国的北方地区,用以招待贵客的最高礼遇是"四八"宴席。四八宴席有24道菜,即四铺桌、四压桌、两大件、八大碗、四小碗、两糕点。四八宴席有"四红四喜、八方来财、四平八稳"之说。

枣生桂子(早生贵子)图

中国许多事物的命名往往与"四"相配:四大发明、四大名著、四大湖泊、四大才子、四大美女;梅兰芳、程砚秋、尚小云、荀慧生四大名旦;五台山、普陀山、峨眉山、九华山四大名山;醉翁亭、陶然亭、爱晚亭、西湖湖心亭四大名亭;苏绣、湘绣、粤绣、蜀绣四大名绣;一年有四季,声调有四声,有风、花、雪、月四景,戏曲表演有唱、念、做、打四功;还有纸、墨、笔、砚文房四宝;琴、棋、书、画古代四艺;久旱逢甘雨、他乡遇故知、洞房花烛夜、金榜题名时人生四大喜事。由此可以看出,传统意义上"四"是吉数。

(五)"五"——天地之尊

从一到十,五居于奇数之中,因此,中国常以五为尊。在中国,有开天辟地后的"五帝"和互相攻伐的春秋"五霸",有以"吉、凶、军、宾、嘉"五礼为核心的古代礼制和规范人们日常行为的"仁、义、礼、智、信"的"五常",更有《诗经》《尚书》《礼记》《周易》《春秋》组成的"五经"和"宫、商、角、徵、羽"五音为

中国民俗

基础的古乐，民间还有端午节缠"五色丝"的习惯和相传为东汉神医华佗所创的，久练能强身健骨、祛病延年的"五禽戏"。到今天，我们还在使用五湖四海、五颜六色、五谷丰登、五体投地、学富五车等成语。从古到今，"五"这个奇妙、神圣的数字将人与自然界巧妙地联系起来。

知识卡片3-6

◎五帝及春秋五霸

五帝：中国上古时期的五位最具影响力的部落或部落联盟首领，包括黄帝、颛顼、帝喾、尧、舜。

春秋五霸：是指春秋时期五个诸侯之长。一般是指齐桓公、晋文公、秦穆公、楚庄王和宋襄公。

藏族在日常生活中也常视"五"为吉，如在婚礼中，人们要喝五道酒（媒酒、问酒、知酒、接酒和喜酒），选派的喜客至少要有五人等。

（六）"六"——吉祥如意

在中国，自先秦以来就有崇尚"六"的传统观念。许多事物都用"六"这个数字来概括，如六部儒家经典称为"六经"或"六艺"，诸子中最著名的阴阳、儒、墨、名、法、道德总称"六家"，周代兵书六卷称"六韬"，行政区分"六乡"，官制设有"六府"，汉代官职有"六曹"，隋唐政制设"六部"，朝廷军队称"六军"，皇帝的寝宫称"六宫"；古代把亲属关系归纳为"六亲"，妇女怀孕称为"身怀六甲"；天地四方合称为"六合"或"六幽"，天干地支配合纪，每六十周年为一周期，称"六十甲子"；民间有"六六大顺"的吉语，农历带有"六"的日子，如初六、十六、二十六被视为举行婚礼的吉日。

"六"在中国文化中象征着吉祥如意、幸福、安康。

知识卡片3-7

◎六经或六艺

六经或六艺是指经过孔子整理而传授的六部先秦古籍。这六部经典著作的全名依次为《诗经》、《书经》（即《尚书》）、《仪礼》、《易经》（即《周易》）、《乐经》、《春秋》。

（七）"七"——神秘幸福

"七"在中国古代是一个富于神秘力量的数字，象征着生命和幸福，因此被广泛应用并形成了神秘的"七"文化。

古人将日、月与金、木、水、火、土五大行星统称为"七曜"；天上最重要的星座是"北斗七星"；人死后要每七天烧一次纸，直到满七七四十九天，谓之"烧七"；古代科学家将七用于数学，发明了以"七"为每列珠数的计算工具——算盘，开创了人类计算器的先河；我国农历的七月初七，俗称七夕节、乞巧节，相传在这一天，恋爱中的青年男女要相聚倾诉衷肠。古人选择七月初七绝非偶然，是人们对"七"有一种神秘的感情，"七"又与"吉"谐音，"七七"又有双吉之意，是个吉利的日子，因此"七夕相会"是传说的精美之笔。

算盘

中国民俗

知识卡片 3-8

◎七夕节

七夕节由星宿崇拜衍化而来，为传统意义上的七姐诞，因拜祭"七姐"活动在七月七晚上举行，故名"七夕"。拜七姐、祈福许愿、乞求巧艺、坐看牵牛织女星、祈祷姻缘、储七夕水等，是七夕的传统习俗。更由于"牛郎织女"的美丽爱情传说，七夕成了象征爱情的节日，被认为是中国最具浪漫色彩的传统节日。

七夕节起始于上古，普及于西汉，鼎盛于宋代。在古代，七夕节是靓女们的专属节日。在七夕节的众多民俗当中，有些逐渐消失，但还有相当一部分被延续了下来。七夕节发源于中国，在部分受中华文化影响的亚洲国家如日本、朝鲜半岛、越南等也有庆祝七夕的传统。2006年5月20日，七夕节被中华人民共和国国务院列入第一批国家级非物质文化遗产名录。

哈尔滨七级浮屠塔

在宗教方面，佛教中有"七祖""七垢""七趣"；佛经中，以"七宝"布施，释迦牟尼于菩提树下静坐七七四十九天后修得正果；佛塔有七层，所以在佛教中讲救人一命胜造七级浮屠；道教中玉皇大帝有七个女儿，称为"七仙女"；太上老君炼丹需要七七四十九天。

在中国历史长河中，有曹植著名

的《七步诗》成就其"七步之才";作家群喜欢冠以"七子""七贤"之名,如"竹林七贤""建安七子""吴中七子""岭南七子""古文七家""毗陵七子";作为诗体形式的"七言绝句"和"七言律诗"也被诗人广泛应用。

知识卡片3-9

◎《七步诗》

"煮豆持作羹,漉菽以为汁。萁在釜下燃,豆在釜中泣。本自同根生,相煎何太急?"据传这是三国时期魏国诗人曹植的一首诗。这首《七步诗》用同根而生的萁和豆来比喻同父共母的兄弟,用萁煎其豆来比喻同胞骨肉的哥哥曹丕残害弟弟,表达了曹植对曹丕的强烈不满,生动形象、深入浅出地反映了封建统治集团内部的残酷斗争和诗人自身处境艰难、沉郁愤激的思想感情。

知识卡片3-10

◎"七贤"与"七子"

竹林七贤,指的是三国魏正始年间(公元240—249年)嵇康、阮籍、山涛、向秀、刘伶、王戎及阮咸七人。因他们常在当时的山阳县(今河南焦作修武县,可能为现今云台山一带)竹林之下喝酒、纵歌,肆意酣畅,世谓"七贤",后与地名竹林合称。"竹林"系东晋士人附会佛教经典而成,即"格义"之说。

建安七子,是汉建安年间(公元196—220年)七位文学家

的合称，包括孔融、陈琳、王粲、徐干、阮瑀、应玚、刘桢。这七人大体上代表了建安时期除曹氏父子（即曹操、曹丕、曹植）外的文学成就，所以"七子"之说得到后世的普遍承认。

岭南七子，是指清代广东以诗文并称的七人，即梁佩兰、程可则、陈恭尹、王邦畿、方殿元、方还、方朝。

在中国传统文化中，数字"七"有时也是人们忌讳的数字。在许多含数字"七"和"八"的成语、俗语中，如横七竖八、七零八落、七上八下、乱七八糟、七手八脚、七嘴八舌、七拼八凑、杂七杂八、七折八扣、不管三七二十一等，数字"七"就有"繁杂、凌乱"之意，使人觉得不舒服。在中国传统文化中，人死后要祭拜七七四十九天，即"七七"。由于数字"七"与死亡联系在一起，在日常生活中人们也很忌讳数字"七"，认为它不吉利，可能招致灾祸，因此有喜事"忌七"的传统。

到了现代社会，因"七"与"起"谐音，人们在买新房选定楼层，或者选择办公电话、手机尾号和汽车车牌号时，会选择"七"。楼层选择"七"而不选择"八"，是因为有"七上八下"的民俗；电话尾号或者车牌尾号选用"7"，象征着生活或者生意有"起色"。数字"七"也是维吾尔民族观念中的圣数，维吾尔人的祖先在与大自然的接触中发现了"七星"，并认为他们是宇宙的根基，将之神圣化，因此就产生了"七神"观，并发展为后来圣数"七"的崇拜观。维吾尔族每隔七天要去清真寺举行一次集体礼拜，古尔邦节和肉孜节有念赞词的传统，习惯上要念七遍。

（八）"八"——尊崇之数

"八"这个数字之所以会受到国人喜爱，有其历史渊源。在中国古代哲学思想中，天、地、人相互照应，十以内的数字都与天地对应，奇数代表天，偶数代表地。八是"数之大者"，古代天子享用"八佾"，祭祀用"八簋"，用车需"八鸾"，驭臣用"八柄"，统率万民用"八统"，治理国家用"八政"。在民间，明媒正娶要用"八抬大轿"，结交朋友成为"八拜之交"，做事是"八仙过海，各显神通"等，所以，"八"在数字中的地位是非常尊崇的。

砖雕《八人抬轿图》

图源：大唐秦王陵博物馆藏

知识卡片3-11

◎八拜之交

管鲍之交——管仲与鲍叔牙

知音之交——俞伯牙与钟子期

刎颈之交——廉颇与蔺相如

舍命之交——角哀与伯桃

胶膝之交——陈重与雷义

鸡黍之交——元伯与巨卿

生死之交——刘备、张飞和关羽

忘年之交——孔融与祢衡

中国民俗

> **知识卡片3-12**
>
> ◎八仙过海
>
> 八仙过海是在中国民间流传最广的神话传说之一。八仙分别为汉钟离、张果老、韩湘子、铁拐李、吕洞宾、何仙姑、蓝采和及曹国舅。相传白云仙长有一次于蓬莱仙岛牡丹盛开时，邀请八仙及五圣共襄盛举，回程时铁拐李建议不搭船而各自想办法，就是后来"八仙过海、各显神通""八仙过海、各凭本事"的起源。人们用这个典故比喻依靠自己的特别能力而创造奇迹。

"八"的古文体字形好像要把东西划分开。这个形体让人联想到"划分"这一词义，因此，古人经常把"八"作为划分东西的标准。在作为划分标准时，"八"和四往往连用。例如：古人先把一年分成四季，四季的标志是春分、夏至、秋分、冬至。然后又出现了四季开始的标志即立春、立夏、立秋、立冬，于是就有了"四时八节"；把空间分为"四方"，即东、南、西、北，接着又把"四方"二分，即东北、东南、西南、西北，合称"四面八方"。

中国人喜欢成双成对，对数字也一样。数字"八"在中国算得上是人气最高的数字。《易经·系辞》中讲道："易有太极，是生两仪。两仪生四象，四象生八卦。"其中，两仪，即阴阳；八卦，即

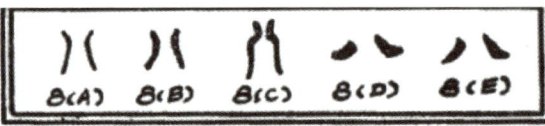

"八"的古文体字形

乾、坤、震、巽、坎、离、艮、兑。有诗曰：八卦之数，乾坎艮震，巽离坤兑，无穷无尽。这反映的正是八卦为宇宙诞生初期的万事万物之形。在中国人眼中，"八"的谐音是"发"，所以受到越来越多中国商人的喜欢，寓意事业蓬勃发展、兴旺发达。

（九）"九"——平安久远

"九"是十以内最大的奇数，有最尊贵之意，因而，凡与"九"有关的词语，如"九五之尊""三跪九叩""一言九鼎"等，均含有尊贵之意。在中国古代，数字最早不是代表数量的，代表的是一种哲学思想。比如"一"是汉语中最基本的数词，被赋予了万物之祖、万事之源的意思；"九"既是十以内最大的奇数，又与长久的"久"谐音，便被赋予了吉祥如意、平安久远等文化内涵。

"九"因与"龙"外形神似，也和龙一样具有了神圣的色彩，古代帝王因此都喜爱"九"，"九"也成了帝王家的御用数字。举世闻名的故宫随处体现着"九"：故宫内宫殿房屋共有九千九百九十九间；三大殿的高度都是九丈九尺；故宫内的各宫殿与大小城门上金黄色的门钉，也都是横九排、竖九排，一共九九八十一颗；台阶的级数也是九或九的倍数；故宫内宫殿房屋总数为九千九百九十九间半。另外，天坛、颐和园等皇帝所到之处，建筑也多以"九"为基数；天子祭天是一年九次；同时，"九"与"久"谐音，帝王们还穿九龙袍，造九龙壁，想让其天下永久。

唐 赤金走龙

图源：陕西历史博物馆藏

中国民俗

故宫门钉

图源：CCTV9《我在故宫修文物》第一集

"九"与"久"谐音，因此，在民间，"九"是公认的吉祥数字。重阳节是九月初九，两个"九"相重，叫"重九"，且"九"是阳数，两阳并重，因而以"重阳"为名。重阳节正值仲秋季节，金秋送爽，丹桂飘香，是登高远眺、舒畅胸怀的时光，唐诗宋词中有不少贺重阳、咏菊花的诗词伟作。九九重阳佳节因与"久久"同音，有长久长寿的含义，也被称为"老人节"或"老年节"。不仅"九"受到人们的喜爱，"九"的倍数同样也受到人们的青睐，如民间有"三十六计""三十六行"；《水浒传》中有一百零八位好汉；《西游记》中孙悟空会七十二变、猪八戒有三十六变，唐僧师徒四人经历九九八十一难才取到真经等。

知识卡片3-13

◎重阳节

重阳节是中国民间传统节日，节期在每年农历九月初九。九九归真，一元肇始，古人认为九九重阳是吉祥的日子。古时民间在重阳节有登高祈福、拜神祭祖及饮宴祈寿等习俗，传承至今，又添加了敬老等内涵。登高赏秋与感恩敬老是当今重阳节活动的两大重要主题。重阳节源自天象崇拜，起始于上古，普及于西汉，鼎盛于唐代以后。据现存史料考证，上古时代会在秋季举行丰收祭天、祭祖的活动；古人在九月农作物丰收之时祭天帝、祭祖，以谢天帝、祖先恩德，这是重阳节作为秋季丰收祭祀活动而存在的原始形式。唐代是传统节日习俗糅合定型的重要时期，其主体部分传承至今。在民俗观念中，"九"在个位数字中是最大数，有长久长寿的含意，寄托着人们对老人健康长寿的祝福。2006年5月20日，重阳节被国务院列入首批国家级非物质文化遗产名录。2012年，全国人大常委会修订通过的《中华人民共和国老年人权益保障法》规定每年农历九月初九为老年节。

在民间习俗中，人们从"九"为数之极而引出了人生之限，许多地方都有过"逢九"年的习俗。"逢九"年分为明九年和暗九年：明九年指虚岁年龄出现带九的数字，如9岁、19岁、29岁、39岁等；暗九年指虚岁年龄以九的倍数出现，如9岁、18岁、27岁、36岁等。在民间流传的这一习俗认为"明九"或"暗九"均为人生之"坎"，若遇逢九年，身心皆不顺畅，呕心斗气之事多，它是人生中的重大坎坷。人若逢九，特别是暗九年，必须处处小心，谨慎行事。

（十）"十"——十全十美

古人记数是用实物，甲骨文的"十"字反映了古代的计数方法，最原始的计数大概是用小树枝之类的东西，"十"是整数，因而用一根树枝来表示。

《说文解字》曰："十，数之具也。一为东西，丨为南北，则四方中央备也"。古人称"十"为满贯之数，所以"十"又引申为"完

中国民俗

满"的意思。依照我们民族的心理习惯，人们追求"十全十美"的境界和结局。

二、哪些数字在中国受欢迎？

在中国，哪些数字代表吉祥呢？中国自古就有"择吉"的风俗，在修造房屋、婚丧嫁娶、出行征战、祭祀祖先等重要时候，为保证诸事顺遂，会择吉日而动。虽然古人崇尚奇数，但因偶数有和谐、平稳、圆满之意，如"六六大顺""四平八稳""十全十美"等，现代中国人越来越崇尚偶数。

（一）"六/6"——六六大顺

中国人的大运数字为"六"，"六六大顺"诠释了中国人对数字"六"的钟爱，"六"意味着顺利、平稳。因此，人们喜欢用66、666、6666等号码，象征顺顺利利、万事和顺。日历中带有"6"的日子，也成为人们结婚、远行的吉日。

白族主要分布在云南、贵州、湖南等省，自古使用汉字，因"6"与"禄"谐音，故视"6"为吉祥之兆；另一种说法是，汉语方言"6"与白族语言中"足够"一词读音相似。因此，不管你送的东西多少，只要有"6"这个数，就"足够"了。白族青年男女订婚的彩礼，都得带"6"字。如送钱，必须是60元、160元或260元等；送四色礼，一般是名茶1.6斤或3.6斤，红糖6斤或6盒，酒6瓶或6斤，盐6斤或16斤；女儿生小孩，娘家送鸡蛋少则60个，多则166个。送小孩子的东西，也要带"6"：小帽、小衣、小裤、小袜、小老虎鞋、小裹被6种。亲戚朋友、街坊邻居送礼，也必须带"6"字，否则，再贵重的礼物，也会使主人感到晦气。

"6"在水族文化中也具有特殊地位。相传水族古代文化典籍《水书》有六部,即《正七卷》《春寅卷》《亥子卷》《丑牛卷》《甲巳卷》《墨书》。《水书》的发明者相传是拱陆铎,即六位贤人智者:羊、毫、罕、项、挂、光。过去水族人家有老人去世时,必请精通《水书》的6个人共同商讨,选择"吉年吉月吉日吉时",祈求"拱陆铎"保佑,以使子孙发达,六畜兴旺。在丧葬仪式中,选择一房间,用6把稻草铺于地上,上面放一个簸箕,簸箕上摊着白布,摆上6只酒杯、6双筷子和白米,白米上放着用红纸包裹的6个银毫。再设一张供桌,席旁放着6根香和6个新编的草凳,席上摆一碗煮熟的6条干鱼。列席6个人,包括一位水族书师和丧家家族中五位代表(这些代表家里必须没有孕妇)。书师手拿6穗糯稻,之上系一串白纸条,念咒语恭请"拱陆铎"登门赐福。其后,杀鸡敬"拱陆铎",最后,把煮熟的鸡和6碗鸡煮菜稀饭一齐供上。

虽然"6"在中国深受喜爱,在西方文化中却不同。《圣经》写道:"如果谁有洞察力,让他去数牲畜,因为这是他的数字。这个数字就是666。"因而,"666"在基督教国家中成了代表野兽的数字,代表反基督,代表和上帝作对的撒旦。6在西方文化中也因此不受欢迎。因此就有"at six and sevens"(混乱不堪)和"hit somebody for six"(给敌人以毁灭性的打击)等暗含贬义的习语。

(二)"八/8"——吉祥喜庆,生意兴旺

当代国人对数字"8"情有独钟,这是一个不争的事实。很多商家会选择含8的数字或日期作为他们的电话号码或开业庆典之日,期待"8"使他们生意兴旺。2008年北京奥运会,即第29届夏季奥运会,于2008年8月8日晚8时在北京鸟巢开幕,从这一开幕时间

中国民俗

可看出中国人对8的青睐。由于"8"象征吉祥喜庆，所以民间在结婚和庆贺喜事时，常设"88"宴席，即喜庆宴要求上8碟和8碗菜肴招待宾客；寿宴有"八仙庆寿"，也是要上8种菜，中间还有大寿桃。

第29届北京夏季奥运会开幕式（2008年8月8日）

年夜饭是在大年三十晚上吃的团圆饭。传统的年夜饭讲究"四平八稳"，即十二道菜，一般是四道凉菜、八道热菜。八道热菜是四荤四素。四道荤菜分别是鸡、鸭、鱼、肉，鸡寓意金鸡报晓，大吉大利；春江水暖鸭先知，所以鸭寓意着报春；鱼指的是年年有余；肉象征着生活富裕。四道素菜分别是白菜、芹菜、豆腐和韭菜。因"菜"和"财"谐音，白菜寓意明明白白发财，芹菜象征着勤劳发财，韭菜指永久发财，豆腐寓意生活富裕。

在西方，"8"也预兆吉祥。早在古希腊，人们就认为"8"意味着丰硕、成就和长寿；《圣经》中讲上帝惩罚人类，大洪水中只有8个人靠诺亚方舟逃生，"8"意味着幸运；"福音书"上说耶稣的兄弟雅各生了8个孩子，"8"意味着多子多孙；两个戒指上下靠在一块构成"8"，意味着婚姻美满；横着的"∞"是数字中的无穷大符号，意味着丰硕、成就、长寿、幸运、美满都变成了无穷大。

亚洲的日本民族也喜欢数字"8"，因为在日本"8"也有"吉利"之意。人们做事喜选带"8"的日子图吉利。"8"在日本被列为吉利数有些偶然，其原因是它仅比个位数字中最大的"9"小一点，相信月满则亏的日本人认为"8"象征着美满而仍有发展空间。

（三）"九/9"——天长地久

汉语中，因"九"与"久"同音，民间会选择两个"9"作为喜日，即"99"与"久久"谐音，寓意"天长地久"。近年来，受西方习俗的影响，在"七夕"情人节这天，恋爱中的中国男子向恋人送上"99"或"999"朵玫瑰，以表达爱情长长久久的美好愿望。

在我国，和汉族旧俗相通，藏族以"9"为数之极。藏语中也有"九头牦牛的毛一样多"，系多不可数之意；"九头牦牛拉不动"，意为稳如泰山；"九种人"，意为众生；"九种需要"，即凡所需；"九种愿望"，即一切愿望；等等。敬酒时要一口气饮3杯，3次共9杯，表示尊重。

维吾尔族也崇尚数字"九"。"九"的神圣性可以追溯到古代维吾尔人信仰萨满教的时期，与古代阿尔泰部落的信仰有直接关系。维吾尔语中的"九"，在表达时有"数之极限"的文化含义，同时象征着吉祥和高贵。古代突厥民族的"汗"常用九面旗帜，称作"有九面旗帜的汗"。古代有许多部落名与"九"有着密切的关系，如"九姓鬼方""九姓古斯"等。此外，数字"九"也在维吾尔族风俗习惯中有广泛运用。在新疆哈密地区，民间婚俗中就有"求婚九次""婚后第九日新郎去拜访岳父母"等说法。

在西方，"9"也有长久、持久的含义。"9"也是西方人心目中的"神数"之一，原因在于它是3的3倍。之前提到一个"3"表示完美的统一，两倍的"3"表示完美的"双数"，三倍的"3"

则是完美的"复数"。传说中诺亚方舟在洪水中就是漂流了9天才到达亚拉腊山顶。1987年英国女王到访中国时,也选在那年阴历九月第九天重阳节的日子。

9虽然是奇数,但在日语里的发音和"苦"相同。日本人整天加班熬夜,从小受的就是吃苦教育,所以日本人不喜欢9。日本人在说小孩子年龄的时候,都避免说"九岁"。日本的停车场没有9号,即使有9号,车也不会停。

(四)"十/10"——完美圆满

古人用结绳记事、计数,一根绳子代表一个记事主题,"十"像一根用于记事的垂悬的绳子,表示记满全数,因此"十"是圆满、完美的象征。中国人都比较喜欢用"十"来表达或者形容生活的状态,如"十全十美""十分满意"。汉民族对"十"的喜爱表现在凡事喜欢以"十"作为标准数量,形容事物的最大限度,进而表现数字以外的文化内涵。如,花有"十大名花",古贤有"十圣",兵书有"十大兵书";上海有"十里洋场",北京有"十里长街",南京有"十里秦淮";现在年年都要选"十大杰出青年""十大新闻""企业十佳",介绍世界文化也要凑成"当代世界十大百科全书"。国际红十字会以十字作为伤病救护的徽号,它代表中立和人道主义,成为医疗救护事业的标志,得到国际的普遍认可。可见"十"表达了和谐、从善。

"十"作为数字,除了计数外,还表示达到一个十分完整的程度,如"十拿九稳""十万火急"等。

第三章　中国数字的爱与恶

（五）"五"

在中国，"五"是个和谐、优美的数字，表示"圆满、完全"，特别受人喜爱，如"五湖四海""五光十色"等。

在西方人的观念中，"五"没有特别的含义，认为星期五是个不吉祥的日子，常给人以恐怖之感。一种说法是，星期五是耶稣受难日，所以主凶；还有人认为，据《圣经》记载，人类的祖先亚当和夏娃被逐出伊甸园也是在星期五这一天。含有"Friday"的习语也说明了这一点，如Black Friday，因为"星期五"是耶稣受难日，那天耶稣被罗马人钉死在十字架。传说人类始祖亚当、夏娃因偷吃禁果被逐出伊甸园那天也是"星期五"，故西方人忌讳"星期五"。

三、哪些数字在中国是禁忌？

（一）"四/4"

近十几年来，中国人对"4"这个数字似乎越来越忌讳。把4视为不吉祥数字是个"舶来品"，其源头来自日本，在日语中，"4"的发音同"死"很相似。日常人们选择车牌号码、电话号码时，"4"一定是最后才会考虑的选择。在粤语、闽语方言区的许多地方，医院、宾馆里不设4号房、床，公交车没有4路；甚至连带4旁边的数字都被一起联想出了不吉利的谐音，比如，14就是"要死"，54就是"我死"等。

不仅在中国，韩国以前的旅馆是没有4层楼的，门牌号也没有4号，军队中也没有第4军、第4师、第4团。在日本，无论是医院的病房还是饭店、旅馆，都尽量避免使用"四"字和由"4"组成的

数字。有的公寓楼将4楼编为5楼,即1、2、3、5、6、…楼,甚至监狱一般也没有4号囚室。由于认为"4"不吉利,日本人在中国不吃"四喜丸子"。就连在日本出售的"红双喜"牌乒乓球,最初每盒都内装4个,在日本的销量都受到了影响,后来改为两个一盒,生意就兴隆起来了。

英语国家都喜欢4,因为4=four=for,如情人节即是2月14日,最重大的节日圣诞节的前一天(平安夜)是12月24日;在德语里面,4发音为"vier",音近于(多),4代表越来越多,所以德国人喜欢4这个数字,如德国很多车牌都是"44444";荷兰语中,4是个喜庆的数字,因为与荷兰语"庆祝"一词的发言相近。美国的印第安人还流行着对土、火、水和风这四大元素的崇拜。

(二)"七/7"

"七"这个数字,在中国古代虽象征着生命和幸福,但因"七"谐音"气",所以中国人挑选吉日良辰时,都不会选带七、十七或二十七的日期。在广大农村,七月初七被认为是凶日,绝对禁止嫁娶。给人送礼时忌七件或七样,饭桌上的菜绝不能是七盘。另外,还有"七年之痒""七零八落"等,都让人们非常忌讳。在汉语言中,由"七"组成的词语大多带有贬义,如七窍生烟、七零八落、七手八脚、七嘴八舌、七上八下、七扭八歪等。在中国,"七"还常与死亡联系在一起,中国民间丧葬祭祀活动七天为一个忌日,祭奠亡灵时讲究"头七""二七"……"七七"。

"七"是西方最具宗教色彩的数字,它渗透到社会生活的各个方面。上帝用七天时间创造了世间万物。在希腊,有七大主教和希腊七贤之说。西方的宗教和文化常采用"七"来归纳宗教仪式和规范人们的道德行为。如七大美德：信任、仁慈、希望、毅力、公正、节制、谨慎；七宗罪：发怒、贪吃、骄傲、嫉妒、贪婪、肉欲、懒惰；七大圣礼：洗礼、婚礼、圣餐礼、告解礼、坚信礼、爱圣职礼、僧侣为垂死者行涂油式；七大精神善事：教育无知者、劝解疑惑者、原谅伤者、安慰痛苦的人、改造罪人、耐心忍屈、为生者和死者祈祷。

另外，在经典的童话和传说中，数字"七"也时常出现，如白雪公主和七个小矮人，希腊七贤等。美国波音公司的客机都以数字"7"开头。如B737、B757、B767、B777等。在西方国家，2007年7月7日被视为难得一遇的"幸运日"，所以在2007年7月7日结婚的年轻人特别多，这一天也被西方人士称为"世纪结婚日"。英国足球明星贝克汉姆最宠爱的第四个孩子——女儿"小七"，也能让我们深刻体会到西方人对数字"七"的喜爱。所以，英语中有"Lucky Seven"一说。

在人类社会发展的过程中，数字满足了世界各国人民趋吉避凶的心理需要和情感认同，更反映出了人们对未来生活的美好祈愿。只有深入了解各民族的历史发展、生活习惯、宗教习俗等，才能更好地理解、传播、传承和发扬中国传统文化。

第四章
中国的第五大发明

中国民俗

2016年11月30日下午,从埃塞俄比亚传来好消息:在联合国教科文组织保护非物质文化遗产政府间委员会第十一届常会上,中国申报的"二十四节气——中国人通过观察太阳周年运动而形成的时间知识体系及其实践"正式列入联合国教科文组织人类非物质文化遗产代表作名录。在国际气象界,"二十四节气"被称为中国的"第五大发明"。

知识卡片4-1

◎《二十四节气歌》

春雨惊春清谷天,夏满芒夏暑相连。

秋处露秋寒霜降,冬雪雪冬小大寒。

上半年逢六二一,下半年逢八二三。

每月两节日期定,最多相差一二天。

一、二十四节气是阳历、阴历还是农历?

"二十四节气"是中国古代先民在认识自然的过程中,通过对客观世界规律的把握,总结出来的特有的历法体系。

二十四节气形成于黄河流域。原始的农业生产完全是靠天吃饭,严格掌握气候变化的年周期有利于农业的发展,而这极大地依赖于对太阳变化规律的认识。因而,人们通过观察太阳周年运

第四章　中国的第五大发明

动认知一年中时令、气候、物候等方面的变化规律，形成了"二十四节气"的知识体系和社会实践。"二十四节气"是根据太阳的位置，把太阳周年运动轨迹划分成二十四等份，太阳从黄经零度起，沿黄经每运行15度所经历的时日称为"一个节气"，每年运行360度，共经历24个节气，每月两个节气。其中，每月第一个节气为"节气"，即立春、惊蛰、清明、立夏、芒

二十四节气

图源：CCTV9《节气：四季的交响》
第一集：节气之源

种、小暑、立秋、白露、寒露、立冬、大雪和小寒；每月的第二个节气为"中气"，即雨水、春分、谷雨、小满、夏至、大暑、处暑、秋分、霜降、小雪、冬至和大寒。"节气"和"中气"交替出现，各历时15天，现在已统称为"节气"。

二十四节气与阳历

知识卡片4-2

◎阳历

阳历就是"太阳历"，是依据太阳的变化修订的历法，以地球绕太阳一圈的时间为一年。地球绕太阳旋转一圈真正所需时间为365天又5小时48分46秒，我们简化成一年为365天，然

中国民俗

后累积四年多一天，放在2月第29日，称为闰年。

◎阴历

阴历就是"月亮历"，是依据月亮的变化修订的历法。月亮每经历一次从圆到缺的循环，就是一个月。我国古人常把月亮称作"太阴"，所以称"阴历"。它是以月亮绕地球转一圈为一个月，十二个月为一年。月亮绕地球转一圈大约是29天12分44秒，因此，阴历大月为30天，小月为29日，一年354天。

◎农历

农历是我国古代人民独创的一种历法，兼顾了太阳和月亮的双重变化，属于"阴阳合历"。

由此可见，二十四节气是根据对太阳的位置进行的划分，在本质上用的是阳历。农历因本身包含阴历和阳历两部分，因此二十四节气也是农历的一部分。

二、"四时八节"与民俗礼仪

古时候，四时是指春、夏、秋、冬四季，八节是指立春、春分、立夏、夏至、立秋、秋分、立冬、冬至；现在，"四时八节"主要指二十四节气。二十四节气来源于古人对自然的观察经验，古人将天文、农事、物候和民俗巧妙地结合在一起，衍生了大量与之相关的岁时节令文化，成为中华民族传统文化的重要组成部分。因为地域、文化差异，不同节气有了不同的文化习俗。

（一）立春为什么又叫"打春"

"一年之计在于春"，立春也是最受农民重视的节气。立，是

第四章 中国的第五大发明

"开始"之意；春，代表着温暖、生长。立春即是春天的前奏。那么为什么把立春叫打春呢？

"打春"最早起源于原始部族的春耕典礼，到了西周时期已逐渐兴起，同时也成为官府垂范天下的籍田仪式。到了先秦时期，每逢孟春之月，当朝天子都会带上三公九卿到都城的郊外农村"打春牛"迎春，唐宋时期更是盛行"打春"活动。

打春牛

图源：CCTV9《节气：四季的交响》
第2集：春之夭夭

牛是农耕的代表，《周易》中说："坤像地，任重而顺，故为牛也。"[①] 在古代先民眼里，"五行"中的"水"能生"木"，"土"能克"水"。而牛既拥有"五行"中"土"的属性，也有"水"属性般的神力，对牛的崇拜是崇拜祖先、重视农耕和祈求风调雨顺、国泰民安的象征。古人认为，牛耕作能促进农作物生长，铜铸和铁铸的耕牛也有镇水魔、伏水灾的神奇作用。正因为如此，才有了"打春牛"的民俗。

现在鞭春牛的习俗在我国仍广为流传。山西民间流行着春之歌："春日春风动，春江春水流。春人饮春酒，春官鞭春牛。"浙江衢州九华立春祭中，由人扮成芒神，鞭打春牛，以表示劝农勤劳和春耕的开始。浙江遂昌的班春劝农习俗中，鞭春牛也是其中的重要环节。山东民间要把土牛打碎，人们争抢春牛土，谓之"抢春"，以抢得牛头为吉利。有的地方是在墙上贴一幅画有春牛的黄纸，黄色

---

① 朱熹.周易本义[M].北京：中华书局，2009：265-266.

中国民俗

代表土地，春牛代表农事，俗称"春牛图"。除了皇历上有春牛图外，各地年画中也普遍刻印春牛图，作为春节期间的吉祥图。

吃春饼

图源：CCTV9《节气：四季的交响》第2集：春之夭夭

除了打春，立春还有一个名字：咬春。时至今日，在我国的不少地方，立春当天要吃春饼或者春卷。杜甫在《立春》里写道："春日春盘细生菜，忽忆两京梅发时。"咬春习俗起源于唐朝。由于立春时，春回大地，万物复苏，各种蔬菜发出嫩芽，人们为了尝鲜，便用面皮包着五彩缤纷的时令蔬菜，卷成卷，蒸熟或者油炸，取名春饼，寓意五谷丰登，并互相赠送春饼，取欢喜迎春、祈盼丰收之意。

(二) 只有春分才能将鸡蛋竖起吗？

春分，一是指一天时间白天黑夜平分，各为12小时；二是古时以立春至立夏为春季，春分正当春季3个月之中，平分了春季。"春分麦起身，一刻值千金。"春分过后，春管、春耕、春种进入繁忙阶段，农民要加强田间管理，才能"种瓜得瓜，种豆得豆"。因此，春分是新事物的起点，也表达了人们对美好未来的憧憬。

"春分到，蛋儿俏。"春分这一天最好玩的莫过于"竖鸡蛋"。在每年春分的那一天，世界各地都会有千千万万的人做"竖蛋"试验。据史料记载，春分立蛋的传统起源于四千年前的中国，人们用来庆祝春天的到来。"竖蛋"的玩法：选择一个光滑匀称、刚生下四五天的新鲜鸡蛋，轻手轻脚地在桌子上把它竖起来。"立蛋"除了有立住鸡蛋的本意，亦有"马上""添丁"之意，意味着人们祈祷人丁兴旺，代代传承。事实上，春分与竖蛋并不相干，任何时候选蛋壳表面并不光滑的鸡蛋，只要找到适当的三个表面颗粒，就能竖起来。

除了"竖蛋"外，春分还有"吃春菜"的习俗，"春菜"是一种野苋菜，乡人称之为"春碧蒿"。逢春分那天，人们都去采摘春菜。在田野中搜寻时，春菜多见是嫩绿的，细细棵，约有巴掌那样长短。采回来的春菜一般与鱼片"滚汤"，名曰"春汤"。有顺口溜道："春汤灌脏，洗涤肝肠。阖家老少，平安健康。"慢慢地，这也成了一个习俗。一年自春始，人们祈求的还是家宅安宁，身壮力健。北京人有吃"驴打滚"的习俗，借喻春季到来，驴儿打滚撒欢儿，生机勃发。

竖鸡蛋

春分，还有送春牛、粘雀子嘴、春祭、拜神、祭日、犒劳耕牛等民俗活动。

（三）立夏你"尝新"了吗？

立夏，是二十四节气中的第7个节气，表示告别春天，是夏天的开始。作为夏季的第一个节气，立夏标志着万物进入了旺盛生长的阶段。立夏时节，我国只有福州到南岭一线以南的地区进入真正意义上的夏季，而东北和西北的部分地区这时才刚刚有春天的气息。在江浙一带，有"立夏尝新"的风俗。

苏州有"立夏见三新"的谚语。"三新"是指新熟的樱桃、青梅和麦子。人们会先以这"三新"祭祖，然后才会尝食。同时，苏州立夏还要吃海蛳、面筋、白笋、荠菜、咸鸭蛋、青蚕豆。苏州的

中国民俗

各家酒店在立夏这天会对进店的老顾客奉送酒酿、烧酒，不取分文，因此也把立夏称作"馈节"。

苏州"三新"

无锡民间历来有"立夏尝三鲜"的习俗。三鲜分地三鲜、树三鲜、水三鲜。地三鲜即蚕豆、苋菜、黄瓜（或者元麦、蒜苗为其一）；树三鲜即樱桃、枇杷、杏子（或者梅子、香椿头为其一）；水三鲜即海蛳、河豚、鲥鱼（或者鲳鱼、黄鱼、银鱼、子鲚鱼为其一）。立夏吃豆，讨的是"发"，吃完苋菜端起菜盆将红红的汤汁一饮而尽，讨的是"红"运当头。吃樱桃也是生活红红火火的意思。

在常熟，人们立夏尝新，食品更为丰富，有"九荤十八素"：九荤为鲫、咸蛋、腌鲜、卤虾等，十三素包括樱桃、梅子、笋、蚕豆、豌豆、黄瓜等。

在浙江、江苏、湖北、湖南、江西、安徽等地，人们仍然保留着立夏吃乌米饭的古老习俗。乌米饭是一种紫黑色的糯米饭，是采集野生植物乌桕树的叶子煮汤，用此汤将糯米浸泡半天，然后捞出放入木甑里蒸熟而成。

除了"尝新"外，立夏还有"斗蛋"的习俗。民间有俗语云："立夏吃了蛋，热天不疰夏。"就是指立夏吃蛋可以避暑。从气温上来看，从立夏这天起，天气渐渐炎热起来，很多人会出现四肢无力、食欲减退、身体疲劳的症状。在古时，人们认为，鸡蛋圆溜溜的，象征着生活圆满，立夏这一天吃鸡蛋，能祈祷整个

第四章 中国的第五大发明

夏天家人平安,并能经受住"疰夏"的考验。斗蛋的规则为:蛋分两端,尖者为头,圆头为尾,斗蛋时蛋头斗蛋头,蛋尾击蛋尾,一个一个斗,鸡蛋破者认输,分出高低,最后的胜利者为"蛋王"。斗蛋本是江浙一带的习俗,现也在北方的一些城市受到欢迎。

立夏斗蛋

图源:CCTV10《文明密码》之节气的故事

立夏日,民间还有一个非常有趣的风俗——立夏秤人。这一习俗主要流行于江南一带的江苏、上海、浙江、湖南、江西等地。关于"立夏称人"还有一个传说:据说三国时孟获被诸葛亮收服、归顺蜀国之后,对诸葛亮言听计从。诸葛亮临终嘱托孟获每年要来看望蜀主一次。诸葛亮嘱托之日,正好是这年立夏,孟获当即去拜阿斗。从此以后,每年夏日,孟获都依诺来蜀拜望。过了数年,晋武帝司马炎灭掉蜀国,掳走阿斗。而孟获不忘丞相嘱托,每年立夏带兵去洛阳看望阿斗,每次去都要秤阿斗的重量,以验证阿斗是否被晋武帝亏待。他扬言,如果亏待阿斗,就要起兵反晋。晋武帝为了迁就孟获,就在每年立夏这天,用糯米加豌豆

立夏秤人

图源:CCTV10《文明密码》之节气的故事

煮成中饭给阿斗吃。阿斗见豌豆糯米饭又糯又香,就加倍吃下。孟获进城秤人,每次都比上年重几斤。阿斗虽然没有什么本领,但有孟获立夏秤人之举,晋武帝也不敢欺侮他,日子也过得清静安乐,福寿双全。

这一传说虽与史实有异,但表达了百姓对"清静安乐,福寿双全"的期盼。上海人有"节交立夏记分明,吃罢摊菜试宝称"的习俗,中午时无论男女老幼都要称体重。杭州人吃完立夏饭,大人拿来箩筐、大秤,给孩子们称体重,看比去年重了多少。秤人时,司秤人一面打秤花,一面讲着吉利话。秤老人要说:"秤花八十七,活到九十一。"秤姑娘要说:"一百零五斤,员外人家找上门。勿肯勿肯偏勿肯,状元公子有缘分。"秤小孩则说:"秤花一打二十三,小官人长大会出山。七品县官勿犯难,三公九卿也好攀。"打秤花只能里打出(即从小数打到大数),不能外打里,意即身体只能加重,不能减轻。在浙江湖州,给儿童称重时,必须在儿童的口袋里放一块石头,一是增加重量,二是取长寿之意。

(四)您吃夏至面了吗?

夏至是二十四节气的第10个节气,于公历6月21至22日交节。在夏至这一天,太阳几乎直射北回归线,正午时分呈绝对(接近)直射状,生活在北回归线上及其以南附近区域的人们,在夏至日前后几天的中午在太阳下立根竿子,能观察到从"立竿见影"到"立竿无影"的变化。

第四章 中国的第五大发明

知识卡片4-3

◎交节

一年有二十四个节气，节气之间的交接就称为交节，有"到某个节气""恰逢某个节气"的意思。每年的各个节气之间，交节的时间都不一样，要根据当年的太阳运动轨迹而定。

每年夏至，正值麦子成熟季，因此，自古以来，"夏至"就有庆祝丰收、祭祀祖先的习俗。古籍《周礼·春官》还记载说："以夏日至，致地方物魅（山中鬼怪）"[1]。在古代，除了要在夏至这天祭祀神灵、祖先，以感谢天赐丰盈，还要祈求清除荒年、饥饿和死亡，承载着期盼五谷丰登、渴望富足生活的美好愿望。

夏至面

老北京炸酱面

时至今日，我国民间还保留着夏至吃各种面食的习俗，取"喜尝新麦，庆祝丰收"之意。按照老北京的风俗习惯，在夏至这天讲究吃北京炸酱面，也可以吃些生冷之物，既降火开胃又不至于因寒凉而损害健康。山东各地普遍要吃凉面条，俗称"过水面"，莱阳一带夏至日荐新麦，黄县

---

[1] 王安石.周官新义[M].上海：上海书店出版社，2012：376页。

中国民俗

一带则煮新麦粒吃，儿童用麦秸编一个精致的小笊篱，从汤水中一次一次地捞向嘴里，既吃了麦粒又是一种游戏，富有农家生活的乐趣。在浙江绍兴地区，旧时人们不分贫富，夏至日皆祭其祖，俗称"做夏至"，除常规供品外，特加一盘蒲丝饼。无锡人早晨吃麦粥，中午吃馄饨，取混沌和合之意。有谚语说："夏至馄饨冬至团，四季安康人团圆。"

山东过水面

（五）立秋——秋膘贴好了吗？

立秋，是二十四节气中第13个节气，秋季的第一个节气，于每年公历8月7至9日交节。古籍《月令七十二候集解》中指出：秋天是收敛的季节，万物在这个季节里收敛成熟，不再生长。"秋"是指暑去凉来，意味着秋天的开始；但立秋之后还会出现短暂的炎热天气，被称为"秋老虎"。到了立秋，梧桐树必定开始落叶，因此有"落叶知秋"的成语。

知识卡片4-4

◎秋老虎

"秋老虎"天气发生在二十四节气当中的立秋之后，属短期回热天气，占据了处暑的大部分地区，就像一只老虎一样蛮横霸道，所以民间称这段时间为"秋老虎"。一般发生在8~9月。每年秋老虎的时间长短不一，总体来说持续半个月到两个月不等。秋老虎气温虽高，但总的来说空气干燥，阳光充足，早晚温差不大。秋老虎天气出现的原因是南退后的副热带

第四章　中国的第五大发明

高压又再度控制回归，形成连日晴朗、日射强烈的高温暑热天气。虽然是秋天，但天气很闷热。民间根据历年的经验，总结出了二十四个秋老虎的说法，广为流传。意思是说，每年的立秋当天如果没有下雨，那么立秋之后的二十四天，同样是很热的，就把这二十四天称作二十四个秋老虎；如果立秋当天下雨了，哪怕是小雨，则称为"顺秋"，民间有俗语云"一场秋雨一场寒"，意思就是顺秋以后天气就会变得越来越凉爽宜人。

立秋不仅是一个重要节气，也是我国重要的岁时节日。在古代，有立秋迎秋的风俗。在周代，每逢立秋这天，天子会亲自率领文武百官到西郊设坛迎秋，举行祭祀秋神的仪式，并下令武将开始操练士兵。在汉代，官方迎秋的程序更讲究排场：立秋当天，百官都要换上皂领白衣，在西郊迎接第一阵秋风。仪式结束后再换绛色朝服，一直要穿到立冬。到了宋代，迎秋变成了一种颇为风雅的仪式。宫廷会派人把盆栽的梧桐移入殿内，等时辰一到，太史官便高声奏道："秋来了！"梧桐树应声落下一两片叶，以寓报秋之意。《东京梦华录》记载，立秋那天，北宋的东京满大街都是卖楸树叶子的，"妇女儿童辈，皆剪成花样戴之"。还有人习惯以石楠红叶剪刻花瓣簪插鬓边、以秋水吞食小赤豆七粒，以平安度秋。

中国民俗

知识卡片4-5

◎《东京梦华录》

《东京梦华录》是宋代孟元老的笔记体散记文，创作于宋钦宗靖康二年（公元1127年）。该著作追述北宋都城东京开封府的城市风俗人情，所记大多是宋徽宗崇宁到宣和年间（公元1102—1125年）北宋都城东京开封府的情况，描绘了这一历史时期居住在东京的上至王公贵族、下及庶民百姓的日常生活情景，是研究北宋都市社会生活、经济文化的一部重要的历史文献古籍。

什么是"贴秋膘"呢？这个民俗至今在北方还很盛行。因为经历了消耗大于补充的夏天三个月，人们什么都吃不下去，有厌食之感，一旦立秋，虽仍然很热，而人们的身上再无湿粘不适之感，毕竟凉爽的秋天快要到了，于是就有了补偿入夏以来亏空的想法，用吃炖肉的办法把夏天身上掉的膘重新补回来，所以叫"贴秋膘"。俗话说："秋季补的好，冬天病不找。"在东北，家里一般是吃饺子或者包子，习惯叫"抢秋膘"，即我抢你碗里的一个饺子，秋天就能体格健壮，补上夏天流掉的油水。有意思的是，减肥的热潮使女孩子都很珍惜"苦夏"带来的成果，也希望在立秋吃饺子的时候被别人多抢走几个饺子，这预示着减肥成果会一直保持到冬天，不再发福。北京、河北一带民间流行"贴秋膘"，立秋这天，普通百姓家吃炖肉，讲究一点的人

贴秋膘　吃炖肉

家吃白切肉、红焖肉，以及肉馅饺子、炖鸡、炖鸭、红烧鱼等。

除了"贴秋膘"，立秋还有"咬秋"的习俗。清朝张焘在《津门杂记·岁时风俗》中记载："立秋之时食瓜，曰咬秋，可免腹泻。"在江苏等部分地区，人们习惯在立秋这天吃西瓜以"咬秋"，据说可以不生秋痱子。在乡村，人们结束了一天的劳作，围坐在一起吃西瓜，感受到的是一种丰收的喜悦。浙江杭州一带有立秋日食秋桃的习俗。每到立秋日，人人都要吃秋桃，每人一个，吃完把桃核留起来，待到除夕，悄悄丢进火炉中烧成灰烬，人们认为这样可以免除一年的瘟疫。

咬秋

图源：CCTV2《第一时间》立秋节气"啃秋"吃西瓜

立秋也寓意着丰收季的开始。如今，在湖南、江西、安徽等部分地区的村庄，村民们利用房前屋后及自家窗台、屋顶架晒或挂晒收获的农作物，久而久之演变成为"晒秋"的传统农俗现象。在江西婺源篁岭古村，晒秋是农家喜庆丰收的"盛典"，已经成为当地一道独特的风景线，每年都吸引许多游人前来赏秋拍摄。

（六）中国农民丰收节为何定在秋分？

秋分是秋季的第四个节气，于每年的公历9月22~24日交节。"分"即为"平分""半"的意思，除了指昼夜平分外，还有一层意思是秋季平分。秋分日后，太阳光直射位置南移，北半球昼短夜长，

中国民俗

昼夜温差加大,气温逐日下降。2018年6月21日,国务院关于同意设立"中国农民丰收节"的批复发布,同意自2018年起,将每年的秋分设立为"中国农民丰收节"。

晒秋

图源:CCTV9《秋天的故事》第10集 晒秋

> **知识卡片4-6**
>
> ◎中国农民丰收节
>
> 中国农民丰收节是第一个在国家层面专门为农民设立的节日,于2018年设立(国函〔2018〕80号),节日时间为每年秋分。举办"中国农民丰收节"可以展示中国农村改革发展的巨大成就,同时也展现了中国自古以来以农为本的

传统。设立中国农民丰收节，将极大调动起亿万农民的积极性、主动性、创造性，提升亿万农民的荣誉感、幸福感、获得感。

2020年5月，袁隆平、申纪兰、冯巩、海霞、冯骥才、李子柒共6人获聘"中国农民丰收节推广大使"。2021年，四川德阳、湖南长沙、浙江嘉兴分别代表长江上中下游，承担中国农民丰收节组织指导委员会层面的三个活动主场。

为何将中国农民丰收节设立在秋分？从节气上看，春种秋收，春华秋实，秋分时节硕果累累，最能体现丰收。另外，秋分作为二十四节气之一，昼夜平分，秋高气爽，既是秋收、秋耕、秋种的重要时节，也是稻谷飘香、蟹肥菊黄、踏秋赏景的大好时节。从区域上看，我国地域辽阔、物产丰富，各地收获的时节有所不同，但多数地方都在秋季，秋收作物是大头。所以，兼顾南北方，把秋分定为"中国农民丰收节"。

秋分的到来寓意着丰收。我国有十几个少数民族有庆祝丰收的传统节日，如畲族的丰收节、藏族的望果节、彝族的火把节、蒙古族的那达慕、黔东南州苗、水族的烧鱼节、水族的新米节、黎族的"啦奥门"等，大多在下半年。在国家层面设立一个各民族共同参与、共庆丰收的节日，有利于促进中华民族大家庭的和睦团结和发展。

 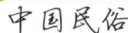 中国民俗

蒙古族那达慕大会

图源：CCTV10《文明密码》边疆游牧传奇
蒙古族那达慕大会

烧鱼节

图源：CCTV2《第一时间》贵州三都："烧鱼节"
庆丰收

第四章　中国的第五大发明

新米节

图源：CCTV10《文明密码》水族的新米节

"啦奥门"文化节

图源：CCTV10《中国影像方志》海南白沙篇

中国民俗

知识卡片4-7

◎望果节

望果节，"望"是指庄稼，藏语叫"望卡"或"兴卡"；"果"是转圈的意思，即绕着丰收在望的庄稼转圈。望果节是藏族农民欢庆丰收的民俗，最早流行于雅鲁藏布江河谷地区，后广泛分布在西藏的农区及林区，如拉萨、山南、日喀则、林芝、昌都、阿里等地。望果节没有固定的日子，一般在谷物成熟时举行。因其独特的地理位置与气候环境形成了独具特色的人文风俗，同时也造就了别具一格的民俗艺术文化。2014年11月11日，经中华人民共和国国务院批准，望果节被列入第四批国家级非物质文化遗产名录。

◎火把节

火把节的起源与人们对火的崇拜有关，其目的是期望用火驱虫除害，保护庄稼生长。火把节期间，各村寨以干松木和松明子扎成大火把竖立于寨中，各家门前竖起小火把，入夜点燃，村寨一片通明；同时，人们手持小型火把绕行田间、住宅一周，将火把、松明子插于田间地角。青年男女在寨中围着大火把弹唱、跳舞，彻夜不息。节日期间，还有赛马、斗牛、射箭、摔跤、拔河、荡秋千等娱乐活动，并开设贸易集市。

2011年6月9日，贵州省赫章县申报的火把节（彝族火把节）经中华人民共和国国务院批准被列入第三批国家级非物质文化遗产名录。

◎"那达慕"大会

那达慕是蒙古语，亦称"那雅尔（Nair）"。"那达慕"是蒙语的译音，意为"娱乐、游戏"，以表示丰收的喜悦之情。"那达慕"大会是蒙古族历史悠久的传统节日，在蒙古族人民的生活中占有重要地位。

每年七、八月牲畜肥壮的季节举行的"那达慕"大会，是人们为了庆祝丰收而举行的文体娱乐大会。"那达慕"大会上有惊险刺激的赛马、摔跤，有令人赞叹的射箭，有争强斗胜的棋艺，有引人入胜的歌舞。赛马也是大会上重要的活动之一。比赛开始，骑手们一字排开，个个扎着彩色腰带，头缠彩巾，洋溢着青春的活力。赛马的起点和终点插着各种鲜艳的彩旗，只等号角长鸣，骑手们便纷纷飞身上鞍，扬鞭策马，一时红巾飞舞，如箭矢齐发。前五名到达终点者，成为草原上最受赞誉的健儿。射箭、摔跤等比赛也吸引着众多牧民。2006年5月20日，那达慕经国务院批准，被列入第一批国家级非物质文化遗产名录。

◎新米节

每年的阴历九月，是基诺族的新米节，当地人称为"好希早"。佤族的新米节根据各自粮食的成熟情况，或者以父母或祖父母去世的属相之日为节庆之日。新米节是稻谷成熟、喜庆丰收、品尝新米的日子。由于佤族是一个农业民族，过去生产力水平低下，抵御自然灾害的能力比较弱，因此围绕农业生产形成了很多敬神祈福的祭祀性活动。

◎"啦奥门"山兰文化节

"啦奥门"在黎语中是"庆丰收，吃新米"的意思，当地百姓会用当地传统的祭祀方式邀请远道而来的贵客吃新米，喝

中国民俗

山兰酒。每年农历十月，海南山兰稻丰收，白沙黎族自治县青松乡的百姓会举行庆祝活动，祈祷来年风调雨顺。这一传统沿袭千年逐渐演变为独具特色的"啦奥门"山兰文化节，四方宾朋游客前来吃新米，喝山兰酒，共享丰收喜悦。

秋分除了庆丰收外，还有"吃秋菜"和"送秋牛"的民俗活动。在岭南地区，秋分时节就有吃秋菜的风俗，代表一种美好的愿望。秋菜其实就是野苋菜，当地人称之为"秋碧蒿"。秋菜紫绿色相间，和鱼片一起熬汤称为"秋汤"，口感非常鲜美。有民谚"秋汤灌脏，洗涤肝肠。阖家老少，平安健康。""送秋牛"其实就是送秋牛图。所谓"秋牛图"，就是在二开的红纸或者黄纸上印有全年农历节气和农夫耕田的图样，预示丰收。

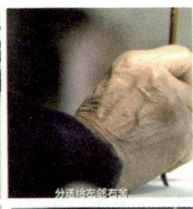
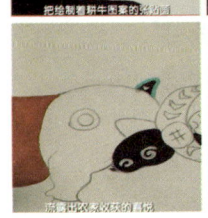

送秋牛

图源：CCTV10《地理中国》一丹说节气 秋分

（七）立冬——立冬一日，水冷三分

立冬是冬天的第一个节气，于每年公历11月7日至8日交节，意味着生气开始闭蓄，万物进入休养、收藏状态，是享受丰收、休养生息的时节。通过冬季的休养，期待来年生活的兴旺如意。

在古代，立冬和立春、立夏、立秋合称"四立"，是十分重要的节日。据《礼记·月令》记载："立冬之日，天子亲率三公九卿大夫以迎冬于北郊。"回来之后，皇帝还会赏赐群臣冬衣，并抚恤孤寡，以安社稷。在民间，百姓也习惯在此时备好冬衣，以防御接下来的冬寒。此外，还以时令佳品向祖先祭祀，祈求上苍保佑来年的丰收。据《清嘉录》记载，到了清代，立冬之日，士大夫在家拜贺长辈尊者，还互相出去拜谒。男女老少都要更换新衣，相互作揖行礼，谓之"拜冬"。

民间谚语说，"立冬补冬，补嘴空"。忙碌了一年的人们，秋收冬藏完毕，迎来了冬闲，因此要在立冬这天以美食进补，在犒劳自己的同时抵御寒意，称为"补冬"。在北方，人们习惯在立冬这天吃饺子。饺子是来源于"交子之时"的说法，因为立冬是秋冬季节之交，故"交子"之时的饺子不能不吃。在南方，人们在立冬爱吃鸡鸭鱼肉。在潮汕地区，还有"立冬食蔗齿不痛"的说法，意思是立冬时甘蔗已经成熟，吃了不上火，这个时候"食蔗"既可以保护牙齿，还可以起到滋补的功效。在绍兴，立冬酿黄酒是传统习俗。冬季水体清冽、气温低，是酿酒发酵最适合的季节，因此，绍兴人把从立冬开始到第二年立春这段最适合做黄酒的时间称为"冬酿"，祈求福祉。在我国台湾，立冬这一天，街头的"羊肉炉""姜母鸭"等冬令进补餐厅生意红火。闽南地区有中药与鸡鸭合炖的做法，许多家庭会自制麻油鸡、四物鸡来补充能量。

（八）冬至——为什么大如年？

冬至又称日南至、冬节、亚岁等，于每年公历12月21日至23日交节。时至冬至，标志着即将进入寒冷时节，民间由此开始"数九"计算寒天。冬至兼具自然与人文两大内涵，既是二十四节气中一个重要的节气，也是中国民间的传统祭祖节日。

中国民俗

知识卡片4-8

数九◎

数九是我国民间广泛流传的习俗之一，是中国民间一种计算寒天与春暖花开日期的方法。数九即是从冬至逢壬日算起（亦有说法从冬至算起），每九天算一"九"，依此类推。所谓"热在三伏，冷在四九"，一年当中最寒冷的时期便是"三九、四九天"。数九一直数到"九九"八十一天，"九尽桃花开"，此时寒气已尽，天气暖和了。由于我国幅员辽阔，各地的气候相差悬殊，与冬至逢壬日"九九八十一天，九尽桃花开、春深日暖"相对应的只有我国部分地区，并非全国各地区都如此，一些寒冷地区在春季尚未有春天气息。

《数九歌》

一九二九不出手。

三九四九冰上走。

五九六九沿河看柳。

七九河开，八九雁来。

九九加一九，犁牛遍地走。

冬至为什么大如年呢？冬至是二十四节气中最早制定的一个。关于冬至，最早的记录是在商末周初，周公用土圭法测影，"树八尺之表，夏至日，景长尺有五寸；冬至日，景长一丈三尺五寸"。古人讲：阴极之至，阳气始生，日南至，日短之至，日影长之至，故曰"冬至"。也就是说，从这一天起，阴气盛极而衰而阳气渐长，此后白天一天比一天长，开始了下一年的循环，是一个

第四章 中国的第五大发明

大吉的日子。周代自此以阴历十一月为正月，以冬至为岁首，即新年。直到汉武帝启用夏历，将立春作为新的岁首后，冬至便成了"小年"，作为一个传统节日而延续下来。在冬至这一天，中国南北方会有不同的习俗，北方大部分地区会吃饺子，南方会吃汤圆。

冬至饺子

俗话说，"冬至不端饺子碗，冻掉耳朵没人管"。关于冬至吃饺子有个传说：相传南阳医圣张仲景原为医官，告老还乡时恰是大雪纷飞的冬天。他看见南阳的乡亲受冻饿之苦，有不少人的耳朵被冻烂了，于是就叫弟子在南阳关东搭起医棚，用羊肉、辣椒和一些驱寒药材放置锅里煮熟，捞出来剁碎，用面皮包住捏成耳朵的样子，再放下锅里煮熟，做成"驱寒矫耳汤"给乡亲吃。乡亲们服食后，冻烂的耳朵治好了。后来，每逢冬至，人们便模仿做这种"捏冻耳朵"吃，说是冬至吃了饺子不冻人。冬至吃汤圆在江南较为盛行，古人有诗云："家家捣米做汤圆，知是明朝冬至天。""圆"意味着"团圆""圆满"。汤圆可以用来祭祖，也可用于互赠亲朋，还代表团圆之意。

冬至日同时也是祭祖日。古代皇帝讲究受命于天，天时首重冬至，那么皇帝也必须重视冬至节。每年的冬至节，天子们都要举行盛大的郊天礼。殷商时就有这礼节，甲骨文上发现过日南至（冬至）在寰丘祭天的记载。周朝还一度扩大了冬至祭祀的范围，除了祭天，还要带上三公九卿，到北郊祀五方帝及日月星辰于郊坛，祭天、祭祖妣、祭百神。祭祀完成后，还要举行盛大的朝会，百官向天子贺

中国民俗

冬节。清朝冬至祭天，皇帝要穿最正式的礼服，祭昊天上帝，升火悬灯，乐奏钟鼓，唱迎神曲，祈祷上天保佑国泰民安。时至今日，潮汕人家在冬至时会备足猪、鸡、鱼三牲和果品，上祠堂祭拜祖先，一般都在中午祭拜完毕，午餐时家人团聚。沿海地区如饶平县海山一带，渔民则在清晨出海捕鱼之前祭祖，意为请神明和祖先保佑渔民出海平安。

冬至过后，越过小寒、大寒，既是一年的结束，更是新的一年的到来。

三、星座与节气？

星座文化源自西方，改革开放后进入中国，一种"星座迷恋"的现象也随之开始在中国内地流行。迷恋星座的不仅有中学生，大学生也很普遍，星座也成了一些都市女性交际中不可或缺的一部分。之所以会有人迷恋星座，是因为他们觉得星座很"灵验"，能预测出一个人一段时间内工作、生活诸方面的发展趋势，并能对所谓的"不顺心"提出建议。但星座真的像"星座迷"口中的那么"可信"吗？

（一）星座的起源

公元前4000年左右，苏美尔人把位置比较靠近的星星划分成群，在每一群星星中用想象中的线条把较亮的星联结起来，形成各种图案，称之为"星座"。公元前13世纪，古巴比伦人把黄道附近的星座确定为12个，也就是今天人们常说的黄道十二星座。

第四章 中国的第五大发明

知识卡片4-9

◎黄道

黄道是天文学术语，是从地球这个运动的平台上看太阳，太阳相对绕着地球转，太阳慢慢在星空背景上移动，一年正好移动一圈，回到原位。太阳如此"走"过的路线（即地球公转轨道在天球上的反映）称为黄道。黄道是天球假设的一个大圆圈，即地球轨道在天球上的投影。它和赤道面相交于春分点和秋分点。

将黄道分成12区，这12个区就是我们说的太阳星座。"十二星座"即黄道十二宫，其原始目的是便于航海和天文方向观测，是西方占星学中的重要组成部分。十二星座的排列顺序为：白羊座、金牛座、双子座、巨蟹座、狮子座、处女座、天秤座、天蝎座、射手座、摩羯座、水瓶座、双鱼座。只要知道一个人的出生日期，就可以查出他所属的太阳星座。

相信星座的人将星座作为自己的生活指南：星座成了工作升迁的"预言家"，谈对象的"对照表"，衣服穿搭的"晴雨表"。每当对生活、对未来感到迷惘时，星座又成为他们的"赛诸葛"。美国前总统有特别信星座的，比如里根总统夫妇。这对夫妇有一个私人的女占星师，名叫嘉瓦娜·卡维莉。这个占星师不仅要看里根夫妇两个人的生活、性格、发展，而且还参与到美国的国事中。所有美国当时的外交内政，诸如什么时候出访、什么时候接待，全要起盘。更有意思的是，1985年7月12日，里根住进海军医院进行体检，结果发现肠癌，应该立即做手术切除。但是南茜夫人得知病情后所做的

第一件事就是打电话给嘉瓦娜·卡维莉,请她夜观天象,来确定什么时间动手术最好。尽管手术的时间早已确定,但还是拗不过南茜夫人的意见,推迟了一天半。事实上,根据天象来预测人间将会发生什么事情,就是人们所说的占星术。随着天文学的发展,现在人类可以根据天体运行轨道,准确地推算某一天体在某一时间所处的位置、某一天体出现在某一位置的时间,但其实每一个星座里的恒星彼此之间并无任何关联,根本不存在与其名称相对应的实体。全世界每秒钟大约出生4.3人,每分钟大约出生259人,每小时大约出生15 540人,每天大约出生37万人,世界上这些相同时间出生的人,其性格、命运、发展等难道会一样吗?

(二)星座与婚姻和工作

曼彻斯特大学研究人员曾以2001年英国人口普查纪录中的1 000万对夫妻作为研究对象,分析他们的生日、星座与感情关系,得出结论认为星座之间相配与否的说法缺乏依据,并不可信。

研究组成员、曼彻斯特大学社会科学院教授戴维·博亚说,"如果真如星象学所说,处女座和摩羯座较相配或天秤座和狮子座更容易吸引对方,那么肯定会在这次婚姻调查中有所体现","要知道我们的调查对象涉及1 000万对夫妻,即使每1 000对中只有1对受到星座影响,那么也会有1万对星座夫妻"。然而,通过对这1 000万对夫妻情况的调查,并没有发现哪些星座倾向于互相吸引。根据星象学家的说法,每个星座都有与之最为相配的星座,而12星座中配对系数最高的就是天蝎座和巨蟹座,这两个星座间深厚的感情会让他们坚不可分。现实生活中,某明星夫妻——男巨蟹和女天蝎——并没有携手到老,可见夫妻感情并不受星座影响。

第四章 中国的第五大发明

电子科技大学高见博士分析了腾讯 16 254 名员工的绩效记录，其中 12 632 名员工有生日信息。分析显示，星座和绩效表现没有统计上的关联性，即便分业务部门考察，也没有表现出显著关联，星座不会对一个人的工作形成影响。

（三）星座与节气

从划分标准来看，二十四节气是根据地球环绕太阳运动的空间位置来划分的。根据太阳在黄道上的位置，把一年划分为 24 个彼此相等的段落，每等份各占黄经 15°。由于太阳通过每等份所需的时间几乎相等，二十四节气的公历日期每年大致相同。十二星座是源自天文学中的黄道十二宫，地球绕着太阳公转，一年转完一圈。地球公转时，从地球上看太阳，太阳在天球上的众星间缓慢移动着位置，方向与地球公转方向相同，即自西向东，也是一年移动一大圈，称作太阳的周年视运动。

从形式上来看，二十四节气指的是时间点，十二星座则表明每一段时间；二十四节气说明的是一年中不同时间点的气候的特征，十二星座说明的是天空中出现的星象。

从本质上来看，二十四节气是科学，十二星座是一种俗信。乌丙安这样解释"俗信"："俗信原来在古代民间传承中曾经是原始信仰或迷信的事象，但随着社会的进步、科学的发达、人们文化程度的提高……把这些事象从迷信的桎梏中解放出来，形成了一种传统的习惯。这些传统习惯，无论在行为上、口头上或心理上都保留下来，直接或间接用于生活目的，这就是俗信。"[①]

---

① 乌丙安. 中国民俗学［M］. 沈阳：辽宁大学出版社，1999：268-269.

中国民俗

四、二十四节气与养生

二十四节气代表着天人合一的生活方式，蕴含着中国人尊重自然规律的传统文化智慧，能够对我们的日常生活发挥指导价值。

（一）为什么要"春捂秋冻"？

为什么要"春捂"呢？因为立春时节春寒料峭，大部分地区天气干燥、冷暖不定。要防"倒春寒"，需要及时地增减衣物，若不及时调整体温，就容易生病。等到气温稳定，春暖花开以后，再逐渐减少衣物，这样人体与天地之间的温度比较适应，随着天气渐暖，人体内的阳气也逐渐上升充盈起来。所以"春捂"有助于驱寒保暖、养生防病。

"秋冻"又是怎么回事呢？秋季是夏季和冬季的过渡阶段，天气由热到冷，气温并没有完全降下来，而是时常出现气温回升的情况，比如我们熟知的"秋老虎"。"秋冻"一方面可以顺应自然之气和人体阴阳气机的转变，另一方面可以增强机体的耐寒能力和肌表的抵抗力。所以，"秋冻"也是符合养生之道的。但是，如何"冻"呢？适当地让身体处于凉爽的状态，接受一些寒气的刺激。如果刚入秋季，气温仍未下降，就过早地穿上厚衣服，其实是与自然规律和人体机能相反的，而且不能增强身体的抗寒能力。"秋冻"要逐渐增加衣物，根据气温适当地加衣服，天气刚寒冷的时候，添加衣物应以能承受寒冷的温度范围为度，不要为了觉得暖和而过早地穿厚衣服。还要注意锻炼，适当的锻炼有助于提高身体耐寒能力，增强免疫力。当然，气温下降明显时还是要增添衣物，防止疾病发生。还有并不是人人都适合"秋冻"，青壮年或体质较好的人可以适当

"秋冻",对于年老体弱人群来说,一味"秋冻"反而会诱发疾病。所以建议适时增添衣服,重点关注肩颈、肘膝关节等部位的保暖,防止寒气入侵。

(二)"夏练三伏,冬练三九",您练对了吗?

俗话说"夏练三伏,冬练三九",该如何锻炼呢?

知识卡片4-10

◎三伏

三伏是初伏、中伏和末伏的统称,是一年中最热的时段。"伏"表示阴气受阳气所迫藏伏地下。每年三伏天出现在公历7月中旬到8月中旬,其气候特点是气温高、气压低、湿度大、风速小,即所谓"热在三伏"。三伏有初伏、中伏和末伏之分,它的日期是由节气日期和干支纪日日期相配合来决定的。

根据中国传统的推算方法,夏至后的第三个庚日为初伏之始,第四个庚日为中伏之始,立秋后第一个庚日为末伏之始。因为每个庚日之间相隔10天,所以初伏、末伏规定的时间是10天。中伏的天数则有长有短,可能是10天,也可能是20天,这取决于每年夏至节气后第3个庚日(初伏)出现日期的迟早。

知识卡片4-11

◎三九

三九是指从冬至逢壬日算起的第3个寒天,是一年中最寒

中国民俗

冷的一段时间。具体计算方法是，以冬至逢壬日为起点，每"九天"算一"九"，第一个九天叫做"一九"，第二个九天叫"二九"，依此类推。一年中最冷的时段便在三九、四九天。

在湿度高、气压低的"三伏天"进行体育锻炼，不仅能锻炼人体的呼吸系统，还能增强心血管功能。怎样选择适合自己的运动项目呢？老年人应尽量选择强度较小的运动项目，如散步、太极拳、慢舞等，在炎热的"三伏天"不会给身体带来很大负担，同时又能达到增强血液循环、促进自身新陈代谢的目的。对于儿童来说，家长可以利用清晨相对凉爽的时间段带孩子进行户外运动，比如慢跑、跳绳、骑行、篮球等都是不错的选择。

小寒这一节气正处在"二九""三九"期间，可以说是一年中最冷的时候，也正是人们加强身体锻炼、提高身体素质的大好时节。冬季锻炼身体应注意以下几个方面：第一，冬季宜早睡晚起，所以锻炼的时间最好在日出后，气温略高时才开始锻炼。第二，由于天气寒冷，体表的血管遇冷收缩，血流缓慢，肌肉的黏滞性增高，韧带的弹性和关节的灵活度降低。所以锻炼前要做好充分的暖身活动，准备动作做好，可避免锻炼时发生运动损伤。第三，进行锻炼时衣服不要穿得过厚，可穿合适的运动服，注意防寒保暖，做暖身准备活动后再脱下厚衣裤进行锻炼。锻炼后要及时加穿衣服，注意保暖。

（三）白露身不露，寒露脚不露

白露这一节气宣告秋天的到来。此时，结束了酷暑的炎热，尤其是早晚温差很大，晚上温度较低。到了寒露，温度将会变得更低，此时地面的露水开始凝结，天气开始转凉，也标志着秋天从凉爽到寒冷的过渡。

白露节气一过，穿衣服就不能再赤膊，更不能穿着短裤、短裙，否则容易受凉，可能引发伤风感冒或导致旧病复发。体质虚弱、患有胃病或慢性肺部疾病的人更要做到早晚添衣，睡觉也不要贪凉。因为寒露后的温度更低，凉意十足，寒气、凉气可能会透过脚部蔓延至全身，因此要注意脚部保暖。

（四）一年补透透，不如补霜降

霜降节气含有天气渐冷、初霜出现的意思，是秋季的最后一个节气，也意味着冬天即将开始。霜降时节，养生保健尤为重要，民间有谚语"一年补透透，不如补霜降"，足见这个节气对人们的影响。

一要防秋燥。起居上早睡早起。早睡能养阴，早起呼吸新鲜空气，可以养肺。而多吃芝麻、蜂蜜、银耳、青菜之类的柔润食物以及生梨、葡萄、香蕉等水分丰富的水果，可以滋阴润肺。

二要防湿邪。秋天的雨水多，需防湿邪带来的身体不适如水肿或腹泻。如果脾伤于湿气，就会为冬天的慢性支气管炎等疾病的发作埋下病根。所以应该多吃莲子、薏米、冬瓜、莲藕、山药等祛湿的食物。

三要防秋悲。秋季养生防秋郁可多看喜剧片，感到开心就放声大笑。要适当多吃高蛋白食物，如牛奶、鸡蛋、豆类等；还要多参加一些有益身心的娱乐活动等。

四要防贼风。睡眠中，人体免疫机能降低，阵阵凉风吹起地面尘土，细菌、病毒就会乘虚而入，这被中医称为贼风。受到夜间贼风侵袭，第二天就会全身酸痛，疲乏无力，还会引起咽炎、气管炎、

中国民俗

口歪眼斜、面部神经麻痹等。所以，睡觉时一定要盖好被子，特别是保证腹部、头部不要受寒。此外，还要注意穿衣保暖，不要随意减衣，以防贼风。

二十四节气是涵盖了天文、地理、人文、农事等在内的大科学，是农耕时代人类观察大自然变化的产物，也是中华民族天人合一思想的具体体现。进入工业化时代后，人类社会对农耕的依赖度逐渐减弱，但农业依然会受大自然变化的影响，二十四节气也就必然会长期传承下去。

第五章
运筹帷幄之中国棋艺

中国民俗

棋者，弈也。博弈是东方文化生活的重要组成部分，它不但不同于一般的消遣游戏，还陶冶着人们的道德观念、行为准则、审美趣味和思维方式。"弈"中的恬淡、豁达、风雅、机智和军事、哲学、诗词、艺术融为一体。红黑、黑白之间，楚河汉界内外，棋盘之外的天地被融合为一，成为中国棋文化的最大特点之一。

一、中国象棋

象棋是中华民族传统文化的精髓，是我国传统的棋艺游戏形式之一，历史悠久、源远流长。

知识卡片5-1

◎中国象棋

中国象棋起源于中国，属于二人对抗性游戏的一种，有着悠久的历史。由于用具简单，趣味性强，象棋成为流行极为广泛的棋艺活动。中国象棋使用方形格状棋盘，圆形棋子共有32个，红黑二色各16个，摆放和活动在交叉点上。双方交替行棋，先把对方的将（帅）"将死"的一方获胜。

（一）楚河汉界是真实存在的吗？

中国象棋的棋盘中间，横亘着一条赫然在目的"楚河汉界"。

第五章　运筹帷幄之中国棋艺

这是在象棋发展过程中人们想象出来的一套分界线还是真实存在的呢？

> **知识卡片5-2**
>
> ◎ 楚河汉界
>
> 楚河汉界是秦朝灭亡后楚汉争霸时期的历史典故。楚、汉两方曾在荥阳有过长达四年（公元前205年到前202年）的争夺战，后双方相约以鸿沟为界，中分天下，"鸿沟而西者为汉，鸿沟而东者为楚"。

楚河汉界指的是河南省荥阳市黄河南岸广武山上的鸿沟，到了宋朝，当年对峙的那条河就成为棋盘上的文化。如今，在河南荥阳城东北的广武山上，还留有两座遥遥相对的古城遗址，西边的叫汉王城，东边的叫霸王城，是当年刘邦、项羽所筑。两城中间有一条宽约300米的大沟，这就是刘邦与项羽对垒的鸿沟。

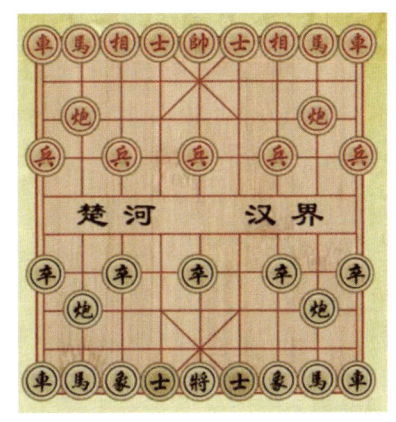

象棋棋盘

图源：湖南卫视《中华文明之美》
中国象棋的起源和发展

象棋棋盘标上"楚河汉界"，不仅因为这是历史上重要的军事攻守线，更是源于楚汉战争中丰富的军事智慧。

在荥阳、成皋相争中，既有刘邦的反间计（逼走范增）、疑兵计（用纪信做替身），也有项羽烹杀太公的杀父威胁，无所不用其极。"斗智不斗力"

中国民俗

也是中国象棋的重要文化内涵。

（二）各司其职，各负其责

中国象棋共有棋子三十二个，分为红、黑两组。

红色代表刘邦。《史记·高祖本纪》中写道：秦始皇末期，刘邦（汉高祖）做亭长时，押送劳工去往郦山，但劳工大多在路上死亡。到了丰西泽中，刘邦放走了劳工，只有十来个壮士愿意跟随他。夜里，刘邦喝醉了酒，令一人前行探路。前行者回报道："前面有一条大蛇阻挡在路上。"刘邦正在酒意朦胧之中，似乎什么也不怕，说："是壮士的跟我来，怕什么！"刘邦勇往直前，挥剑将挡路的大白蛇斩为两段，路通了。又走了数里路，刘邦困了，倒头就睡着了。有一老妇人在蛇被杀死的地方哭，有人问哭的原因，老妇人说，有人将我儿子杀死了。有人又问，何以见得？老妇人说，我的儿子就是化为蛇的白帝子，因挡在路上，被赤帝子所斩。人们以为老妇人说的是假话，正想说她，老妇人忽然不见了。后面的人赶上了刘邦，

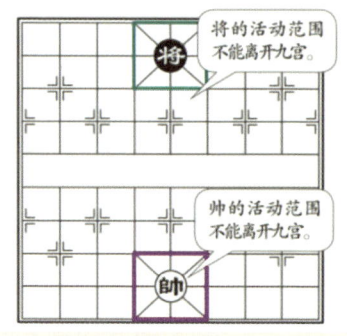

中国象棋将帅不出"九宫"

图源：刘锦祺，林彩喜：《象棋入门一学就会》，青岛出版社，2020年版

刘邦也睡醒了，那些人把刚才的事告诉了刘邦。刘邦心中暗暗高兴，那些追随他的人也渐渐畏惧他，视刘邦为"赤帝子"。

黑色代表项羽。项羽一生偏爱黑色，士兵穿的铠甲都是黑色的，坐骑是神驹乌骓马，也是黑色的。

红黑棋每组各十六个，分七种，其名称和数目为：红棋有帅一个，车、马、炮、相、仕各两个，兵五

个；黑棋有将一个，车、马、炮、象、士各两个，卒五个。帅/将，代表古代君王，不能出"九宫"，且有士、象专职护卫，承担运筹帷幄的责任；对帅/将的特殊保护，是君王至上的写照；帅/将只能在"九宫"之内活动，可上可下，可左可右，每次走动只能按竖线或横线走动一格。仕/士，代表侍卫，司"九宫"安全，不离帅/将左右。象/相是臣相，只限于本土移动，不能过河，作用是防守，尤其在作战过程中不能被"塞相（象）眼"。车（jū）在象棋里最有威力，横线、竖线均可行走，只要无子阻拦，步数不受限制。炮代表"火炮"，是在唐朝之后随着火药的发明才增加的棋子，它的攻击距离远且杀伤力较大，在不吃子的时候，走动与车完全相同，但炮在吃子时，必须跳过一个棋子，己方的或敌方的都可以，即必须支起炮架子，所以不太灵活。马代表"骑兵"，速度较快，适合长距离作战，走"日"字，尽展八面威风，腾挪迂回，如被"蹩马脚"，其战

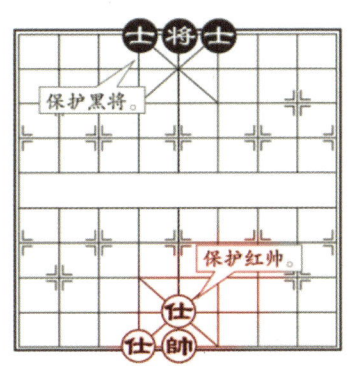

中国象棋"仕"不离"帅"

图源：刘锦祺，林彩喜：《象棋入门一学就会》，青岛出版社，2020年版

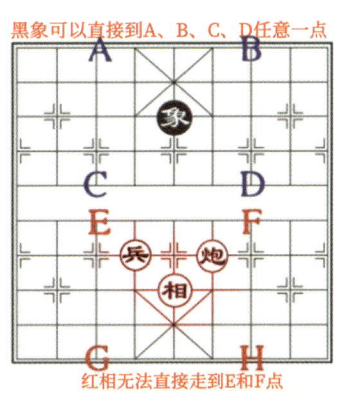

塞"象眼"

图源：刘锦祺，林彩喜：《象棋入门一学就会》，青岛出版社，2020年版

中国民俗

斗力将受到极大影响。兵/卒代表"步兵",适合近距离作战,只能向前,不能后退,在未过河前不能横走,过河后既可进,也可左右移动,但一次只能走一步。

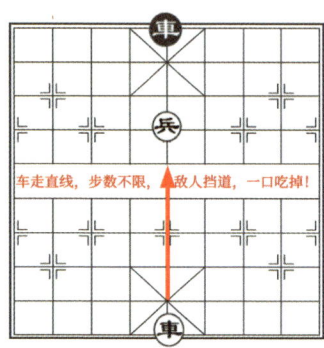

横冲直撞的"车"

图源:刘锦祺,林彩喜编《象棋入门一学就会》,青岛出版社,2020年版

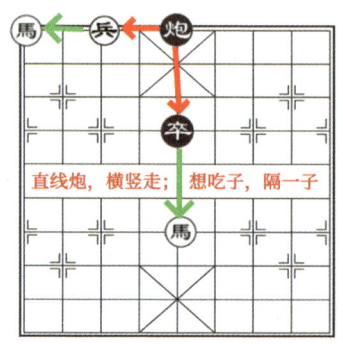

炮的走法

图源:刘锦祺,林彩喜编《象棋入门一学就会》,青岛出版社,2020年版

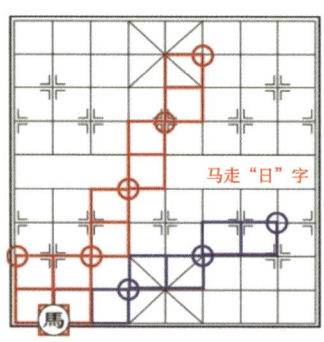

马的走法

图源:刘锦祺,林彩喜:《象棋入门一学就会》,青岛出版社,2020年版

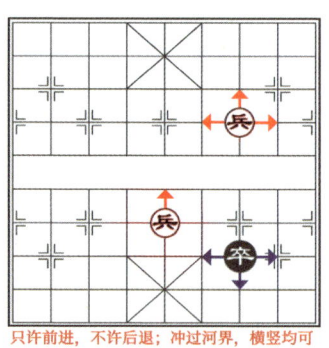

兵/卒的走法

图源:刘锦祺,林彩喜:《象棋入门一学就会》,青岛出版社,2020年版

第五章　运筹帷幄之中国棋艺

> **知识卡片5-3**
>
> ◎九宫
>
> 　　古代中国天文学家将天宫以井字划分为乾宫、坎宫、艮宫、震宫、中宫、巽宫、离宫、坤宫、兑宫九个等份，称为"九宫"。在晚间从地上观天，通过七曜与星宿移动，可知方向及季节等资讯。中国象棋的九宫也称"九宫禁区"。棋盘上两端以斜交叉线构成"米"字形方格的地方，称为九宫，类似古代战争发号施令的"中军帐"，是将、帅、士活动的地区。如被对方车、兵占据，就很危险了。

　　中国象棋三十二个棋子没有一个闲子，每个棋子都有自己的职责，或主要运筹帷幄负责指挥，或主要一马当先负责进攻，或主要负责守卫将帅。每个棋子各司其职，各负其责，更重要的是在对弈中相互配合、团结协作、攻守兼备，甚至为了夺取整个"战局"的胜利做出必要的牺牲，如"弃卒保帅"。

　　毛泽东主席在紧张工作之余，经常自己下象棋或者看别人对弈。在下象棋过程中，毛主席非常重视"兵""卒"的作用。他说，不能轻视小兵小卒的作用，他们在己方阵营时只前进从来不后退，过了江之后更是可以"横冲直撞"，奋勇杀敌，碰到老将老帅，也可以攻其不备，死而不退。毛主席还会把"士""象"比作机关的参谋和警卫员。他对身边的工作人员说，将帅不可脱离士、象的保护，而士、象如果没有了主帅也就全军覆没了，所以参谋、秘书和警卫人员要勇于与领导沟通并了解领导的意图，领导干部也要善于发挥各工作人员的工作特长，各得其所，才能保证革命的胜利。

二、中国围棋

被人们形象地比喻为黑白世界的围棋,在我国古代称为弈,是中国古人所喜爱的娱乐竞技活动,同时也是人类历史上最悠久的一种棋戏。

(一)围棋别名知多少?

1. 弈——最早的别名

据史料记载,"弈",最早出现春秋时期的《论语·阳货》:"饱食终日,无所用心,难矣哉!不有博弈者乎?为之犹贤乎已。"其中的"弈",就是最早用以描述围棋的句子。在后来的《说文》《孟子》等书中,"弈"被广泛地代指围棋,甚至在先秦的诸多典籍中,"弈"字也屡见不鲜,而"围棋"二字却很少出现。可见"弈"在当时已是广泛使用的书面用语,其应用程度甚至远远超过了"围棋"。

2. 方圆——最大气的别名

"天圆地方"是中国古代的一种哲学思想:天与圆象征着运动,地与方象征着静止,两者的结合则是阴阳平衡、动静互补。围棋的棋子是圆的,所谓"天圆而动";棋盘是方的,所谓"地方而静"。

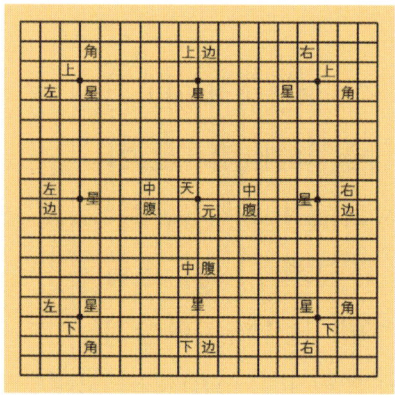

围棋棋盘

图源:洪峰等:《围棋》,江苏凤凰科学技术出版社,2018年版

棋盘上的361个交叉点,象征华夏农历361天;棋盘分四部分,代表四季。棋盘中央是太极,黑白两色棋子则表示阴阳。"方圆"被视为围棋最大气的别名。

在《历代神仙通鉴》中就记录有:"此谓弈枰,亦名围棋,局方而静,棋圆而动,以法天地,自立此戏,世无解者。"

3.烂柯——最有神话色彩的别名

围棋源于中国,相传围棋之根在烂柯山。

烂柯山

图源:天津卫视《拾遗保护》
第1集 千年棋脉

知识卡片5-4

◎烂柯山

烂柯山又名石室山、石桥山,位于浙江省衢州市东南10公里处,与全国重点大型化工企业衢州化学工业公司隔江相望。此山黛峰翠嶂,景极幽邃,是浙江省重点名胜风景区,被誉为"围棋仙地"。它位于石室村东,西临乌溪江,海拔164米,东西长4公里,南北宽2公里,群山盘回,景色幽邃。远眺烂柯山主峰,如一座巨大的石桥,鬼斧神工,蔚为奇观。石梁下主洞高10米,东西宽30米,南北深20米,即晋虞喜《志林》曰"信安山有石室"之谓。

传说很早以前,烂柯山下有个乡村,村里住着一位勤劳善良的人,因为他以砍柴为生,人们都叫他王樵。这年春季的一天,王樵拿起扁担斧头上山砍柴。走到山上,见有两位白发长须的老人携手进了烂柯山的桃花洞。王樵觉得很奇怪,因为村里没见过这两位老人。出于好奇,他也跟着走进洞里。只见洞中流水潺潺,两旁桃花

中国民俗

红得鲜艳，有的树上已是硕果累累。两位老人在一块青石的两边坐下，摆开棋盘，下起棋来。王樵见此情景，也就放下扁担，撂下柴斧，蹲在一旁观棋。时间一长，两位老人有时顺手摘下一只桃子吃，有时也送给王樵一只桃吃。不知过了多长时间，两位老人下完了棋，起身向洞的深处走去。这时王樵才想起自己是要去砍柴的，连忙去捡扁担，扁担已经朽了，再去拾柴斧，斧把也已经烂了。柴砍不成了，只好顺原路出洞回家。一出洞，他就觉得先前的山形林木、道路都好像变了，归途只能依稀辨认。总算回到了村里，见往来老乡都是陌生人，他诧异地上前询问王樵的家，人们告诉他，王樵上山打柴，一去不归，至此已有八百年了。这时王樵才意识到自己遇到了神仙，而自己也成了仙。他知道再寻下去也没用，只好返回山中，又进了桃花洞，其后不知所终。

（明）徐渭《王质烂柯图》

图源：故宫博物院藏

传说中的烂柯山现在还屹立在衢州市，并被人们誉为"围棋仙地"，成为旅游胜地。苏东坡、白居易、王安石等名家都曾游览过烂柯山并留下了诸多咏叹的诗文，其中，唐朝诗人孟郊的一首诗《烂柯山石桥》[①]让"烂柯"这一典故盛传棋界，成为围棋经久流传的别称。

4.坐隐忘忧——最雅的别名

围棋被称为"坐隐""忘忧"，都是东晋时代出现的。北齐文人

---

① 樵客返归路，斧柯烂从风，唯余石桥在，犹自凌丹红。

第五章 运筹帷幄之中国棋艺

颜之推曾经说过这样一句话:"围棋有坐隐、忘忧之目,颇为雅戏。"意思是说,围棋还有"坐隐""忘忧"这样的别名,这是一种很高雅的游戏。

知识卡片5-5

◎颜之推

颜之推(公元531—约597年),字介,生于江陵(今湖北省江陵县),祖籍琅邪临沂(今山东省临沂市。琅邪,今作"琅玡"),中国古代文学家、教育家。颜之推博学多识,一生著述甚丰,所著书大多已亡佚,今存《颜氏家训》和《还冤志》两书,《急就章注》《证俗音字》《集灵记》有辑本。

东晋时期,围棋风靡一时,始终受到众多名士的青睐。时有名士王坦之,字文度,因官居北中郎将,故世称王中郎。此人声望很高,《王中郎传》说他"器度深淳,孝友天至;誉辑朝野,标的当时"。他对围棋也是情有独钟,爱不释手。据《世说新语》记载,他在守丧时,只要有客人来访,竟可以置守丧期间不能作乐的禁忌于不顾,公然同客人纹枰对局。这一方面固然是名士风范的表现,但另一方面也确乎表明了他对围棋的酷爱程度,赋予围棋以"坐隐"的雅号就开始于他。

东晋另一名流祖讷则称围棋为"忘忧"。祖讷,字士言,他的弟弟是历史上闻鸡起舞、击楫中流的壮士祖逖。祖逖素有大志,无奈时运不济,在北伐中因孤立无援而告失败。祖讷对弟弟的失败感到十分痛心,终日弈棋。朋友王隐劝他要珍惜光阴,不要把时间全

中国民俗

（清）郑岱《对弈图轴》

图源：浙江省博物馆藏

部花费在下棋上，祖讷回答说，"我亦忘忧尔"。称围棋为"忘忧"就源于此。

"坐隐""忘忧"作为围棋的别名之所以出现于东晋时期，是因为东晋时期文士们普遍沉浸在动乱所带来的悲怆与哀痛之中。多数文人更是感到前程渺茫，世路艰危，与其振臂疾呼，不如偏安一隅。在偏安心态的支配下，更兼之魏晋玄风熏陶，逃避现实、推卸责任、趋向超脱遂成为东晋士风的基本标志。

在这样一个时代背景下，围棋以其特有的功能恰好契合了这样的人生态度，于是，遁入黑白世界之中纹枰对局以远离现实，便可以暂时缓解和忘却灵魂的重负。

5.星阵——最富有想象力的别名

围棋棋盘有361个交叉点，中心点"天元"象征着混元一周天的度数，棋盘上的九个星座与易理八卦相通，整个棋局用黑白两种符号组合排列，隐含太极阴阳。每颗棋子着在棋盘上，象征星星在周天的排列阵势，借喻指围棋。唐朝温庭筠有诗曰："纹楸方卦花参差，星阵未成月映池。"

除此之外，围棋还有手谈、略技、木野狐、乌鹭等别称。围棋别称的多样性成为中国"天圆地方""和谐统一""阴阳调和"文化的缩影和窗口。

（二）围棋——和光同尘、与世无争

中国象棋红黑两组，共32个棋子。32个棋子在开局前岗位已

140

定，性能和工作形式已经明确。围棋的棋子一开始是安放在盒子里的，抑或一盒子白子，抑或一盒子黑子，代表敌我双方。黑子就是黑子，白子也就是白子，质地、款式、形状、大小都是一样的。开局前所有棋子除了黑白之分外，没有其他区别，无谁大谁小，无分工，不知性能，棋盘上也是空空如也。

只有当第一枚棋子落到棋盘上时，整个棋局才会活起来。围棋是以围出来的地域大小定输赢，围出来的地域大者为赢，反之为输，围棋的宏观布局先存于心，且边走边布，重在占位，所以，棋手在布局时绝对不是为了杀伤对方有生力量，而是聚焦于如何让自己的地域越来越大。因此，在布局时就要像老子所说"将欲歙之，必固张之"，亦"将欲废之，必固兴之""将欲夺之，必固与之"。亦即要能收缩，一定要先扩张；要想放弃，一定要先张扬；要想夺取，必定先要给予。比如，围棋中的弃子战术看起来似乎吃亏一点，却是为了叫对方上当，看起来明明白白，却又是居心叵测。随着棋局的发展，不同的棋子才会被赋予不同的作战使命和体现出不同的价值，并且，随着棋局局势的转变，棋子的使命和价值也会做出调整，体现了围棋战略至上、战术保障的核心思想。围棋中的棋子个个在谋在杀，可能一着能使通盘皆活，或满盘皆输，变幻莫测。

围棋没有象棋那么锋芒毕露，棋子光芒也没那么耀眼，正如老子说过的和光同尘，这正是中国文化中与世无争思想的体现。

三、中国麻将

麻将起源于中国，称得上是我国古老的民间博弈游戏之一，原属皇家和王公贵胄的游戏，其历史可追溯到三四千年以前。在长期

中国民俗

的历史演变过程中，麻将逐步从宫廷流传到了民间。

（一）麻将的魅力——天、地、人

麻将是八仙桌上的"长城"，在毛泽东眼中是中国人民"继中医、《红楼梦》之后对世界的第三大贡献"。那么，它有什么样的魅力呢？

中国麻将牌是千百年来由多种棋牌活动融合与演变而形成的。在清代道光时期至清末，形成了一套144张牌和每把13张的定型打法，这是正宗的完整的麻将牌。从麻将牌的组合设计来分析，一副麻将牌中的任何一张牌都有着特有的意义和作用，具有鲜明的中华传统文化的特点和意境。

关于麻将的起源，主要有太仓说、郑和说、万秉迢说和陈渔门说。根据万秉迢说：万秉迢非常推崇施耐庵笔下的梁山好汉，就以108这个数字作为麻将牌的基数并隐喻108条好汉。牌中九条喻为"九条龙"史进，二条喻为"双鞭"呼延灼，一饼喻为"黑旋风"李逵。而麻将之所以分为万、饼、条3类，是取其本人姓名"万秉迢"的谐音。每类从一到九各有4张牌，刚好108张。至于后来增加的风牌（东、南、西、北）和箭牌（中、发、白），则是缘于这样一个说法：108条好汉是从四面八方汇聚到梁山，所以加上东、西、南、北、中五方，并各添4张牌计20张；这些好汉涵盖富人、穷人各阶层，所以再加上"发""白"隐喻富有和贫穷，即加上8张牌，整副牌共计136张；随后又加上各种花牌，整副牌就达到了144张。

现在一副正宗的麻将牌是由六类42种图案组成的，其中有序数牌（含万子牌、饼子牌和条子牌）108张，风牌（即东、南、西、北）16张，箭牌（中、发、白）12张，花牌（春、夏、秋、冬、

第五章 运筹帷幄之中国棋艺

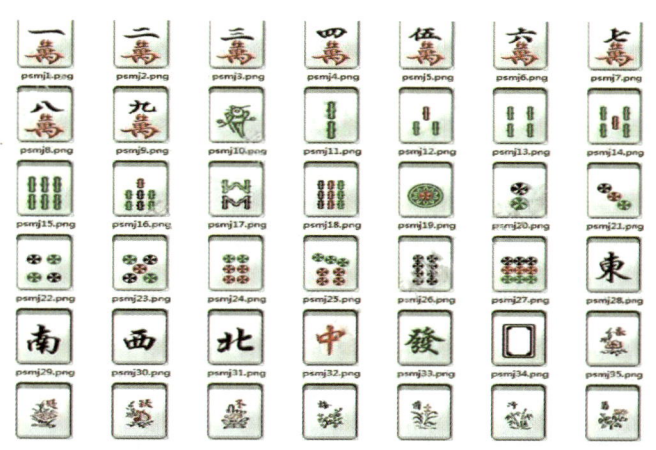

麻将牌42种图案

梅、兰、竹、菊）8张。这样的组合设计不是随意设定的，而是来源于中国古代三十六天罡、七十二地煞的思想。中国古代的哲学思想主要以五行说为代表，认为世界是由金、木、水、火、土一组最基本的物质组成，和方位相配，分别为东方甲乙木、西方庚辛金，南方丙丁火、北方壬癸水、中方戊己土。而中国古人又认为宇宙形态是天圆地方，所以"白皮"代表地，"发"是在人的最顶部，所以用发代表天，"中"既代表五行中的中方土，也代表天、地、人"三才"中的人。正是"中"的确定，使东、西、南、北、中和天（发）、地（白皮）共同构成了一个真正的天圆，这个天圆不是地球的圆而是宇宙的圆。麻将牌中的万、饼、条3种花色，分别反映了物质的存在形式，数字则代表了物质存在的数量。在中国古代思想中，3为基数，9为极数，所以万、饼、条分别有9张。

麻将牌中每一张牌的图案都具有一定的寓意。麻将中的"花牌"采用了梅、兰、竹、菊图案。"梅"表示高洁傲岸，"兰"代表

中国民俗

幽雅空灵,"竹"象征虚心有节,"菊"则暗示冷艳清贞,表明人们对时间秩序和生命意义的感悟,也是对某种审美人格境界的向往,成为中国人感物喻志的象征。而"中、发、白"3张牌就寓意着"中正""发达""纯洁"之意。麻将牌中的"一条"("幺鸡")即幺鸡牌的图案造型和"鸡"与"孔雀"的外形十分近似。在中国人的文化传统中,鸡是十二生肖中唯一的家禽,古人甚至把鸡称为"五德之禽"。据《韩诗外传》:(鸡)头上有冠,是文德;足后有距,能斗,是武德;遇敌敢拼,是勇德;有食同享,是仁德;守夜不误时,天明即报晓,是信德。人们还借鸡的灵性和谐音(吉),赋予"鸡"诸多美好的寓意,比如金鸡报晓、闻鸡起舞、吉祥如意、良辰吉日等。而孔雀在中国人眼中也是一种"吉祥鸟",其体格高大,形

麻将"花牌"

麻将"中、发、白"　　麻将"幺鸡"

貌端庄，举止优雅，尽显高贵与华丽，它也是吉祥、幸福、爱情的象征。

麻将不是由某一个人单独发明，而是中国人在长期的社会活动中总结出来的。它注入了诸多传统文化的精华元素，体现了中国"天地人"统一的思想。

（二）成都十八怪之——麻将摆开吆不倒台

2008年3月，成都麻将与茶文化博览馆在成都市文殊坊正式开馆，以展示成都最具特色的民俗文化：麻将与茶已成为成都民俗休闲文化的主要载体。

成都麻将与茶文化博物馆

> 知识卡片5-6

◎成都十八怪

第一怪：不泡茶馆把病害；

第二怪：刁钻姑娘逗人爱；

第三怪：耙耳朵男人美女爱；

第四怪：一日三餐吃泡菜；

第五怪：夜宵推起车车儿卖；

第六怪：当街摆起麻将赛；

第七怪：死只耗子围到看；

第八怪：太阳出来挤起晒；

第九怪：玄龙门阵吹得不是盖；

第十怪：请客洗脚洗脑袋；

十一怪：翘脚老板最自在；

十二怪：苍蝇馆子人人爱；

十三怪：男人下厨弄饭菜；

十四怪：小姐变成小老太；

十五怪：养条狗儿当幺儿；

十六怪：越是小报越好卖；

十七怪：电马儿前面把雨伞盖；

十八怪：骑车上班比打的快。

成都人传承麻将文化应是全国之最。有个段子说，飞往成都的飞机迷失了方向，飞机上的成都人提醒机长说："别慌！循着麻将声飞就没有问题。"飞行员听了后，果然顺利在双流机场降落。到过成都的人，都会对那里的人对麻将的迷恋留下深刻印象：大街小巷，到处支起牌桌；男女老少，全都如醉如痴。成都人打麻将不需要理由，办喜事打喜麻将，办丧事打丧麻将，周末玩的是农家乐麻将，下了班回家把饭一吃也摆起来打。

成都人的麻将生活

图源：中新社发　熊然摄

无处不有的茶馆为成都的麻将活动提供了方便的场地。成都人生活节奏慢，喝茶、打麻将是成都人一种独特的生活方式。茶馆浓缩了成都的地域文化特征及风土人情、市井百态，成都传统茶馆发展带动了麻将文化的蓬勃发展。在成都，每一晚茶香飘逸的地方，都会传出噼里啪啦的麻将声。

成都人懂生活，懂得放慢生活的节奏，才能最懂麻将。今天的成都人把麻将中的"中发白""东南西北风"统统抛开，直接回归"替天行道"的108梁山好汉，制定了"缺门""永向前""下雨""擦鞋"等一系列新的麻将规章制度，更好地营造了打牌的氛围。

（三）我和了——走出国门的中国麻将

1. 日本麻将

日本人擅长将一切事物动漫化，备受欢迎的麻将自然也不例外。近几年涌现出大批以麻将为主题的漫画、游戏作品，其中最具代表性的《天才麻将少女》，是由日本漫画家小林立创作的萌绘美少女麻将漫画作品。日本麻将也经常以游戏的形式出现，在各平台都活跃着它们的身影。在日本，大多数年轻人中学时就开始打牌，有些人更是把"学会麻将"作为人生迈入成熟期的一个标准。

日本麻将有个成立于1981年的职业联盟，该联盟的终极目标就是希望麻将能像围棋一样成为职业体育。联盟中的"体育麻将议员联盟"还曾希望将麻将成功推入2022年北京冬奥会。在如今的国际麻将赛事中，日本的立直麻将，和中国的国标麻将已经成为最常见的两种规则。日本不仅有完备的成套麻将规则体系，甚至连我们现在打麻将用到的自动麻将机也是日本人发明的。日本的全民麻将热一直延续至今，很多年轻人把成为麻将职业选手当成追求的梦想而努力。

日本有专门的打麻将的公共场所——"雀庄"。雀庄严禁公然

赌博，业主只收取提供场地和麻将桌的租金，或者通过一些额外的消费如饮料等赚钱。雀荘禁止未成年人进入，营业时间不能超过半夜12点。日本还建成了世界上第一座麻将博物馆——日本千叶县麻将博物馆。千叶麻将博物馆于1999年11月建成后，已有数万人慕名而来。博物馆展览分成不同风格和种类的展台。按地域分，中国是麻将的发源地，日本有发达的麻将

日本千叶县麻将博物馆

文化，美国曾爆发过麻将热，欧洲麻将则成为贵人的游艺；按主题分，有麻将与人类和平，麻将与印章，麻将与历史，麻将与书籍等，令人眼花缭乱。千叶麻将博物馆除了收藏麻将，还大力推广所谓麻将文化。博物馆定期出版有关麻将的文化书籍，并生产了麻将点心、麻将清酒、麻将茶具等各种纪念品。

2.美国麻将

麻将在美国的传播程度远超中国人想象。纽约布莱恩特公园在附近都是寸土寸金的高楼大厦中，专门为当地人设置了麻将区。每周一到周四的下午，布莱恩特公园几乎人满为患，不仅数百张麻将桌座无虚席，连周边都站满了围观的美国人，据不完全统计，每年约有600万美国人旁观。

美国人打的麻将当中另外加了8张百搭牌和记分牌，同时，桌面上还有一张说明书和教材，这些均由成立于1937年的美国国家麻将联盟制作和销售。当然，这些盈利都会被捐赠给各大慈善组织。也正因为如此，麻将在美国得以迅速发展，如今仅纽约的麻将联盟

就有50万左右的会员,粗略计算,全美的麻将联盟至少有350万会员。这些人每年都会收到一张代表会员身份的卡片,凭此卡片可在全美任一联盟的麻将区参与游戏。

几乎每个城市的老年人活动中心都有几张麻将专用桌,麻将也因此从唐人街走入美国的千家万户。甚至还有美国学者表示在第二次世界大战之后的几十年里,麻将成为美国女性建立社区和谐关系的基础,不仅对建立友谊有帮助,更让老年人走出家门跟朋友们建立联系,还降低了阿尔兹海默病的风险。

现在,美国各大节日期间都有麻将马拉松比赛,甚至有爱好者为了在比赛中晋级,不惜自费前往人口稀少的西部地区参赛。新泽西州以及拉斯维加斯更是直接开办了麻将世界锦标赛,冠军奖金从10万至500万美元不等,每年参赛人员都在10万人以上。

3.欧洲麻将

早在20世纪20年代,麻将就从美国辗转传入欧洲。荷兰成为欧洲的"麻将桥头堡",麻将这项游戏从这里发端。传入之初,荷兰就成立了"荷兰麻将团体",不过不久就解散了。20世纪90年代初,一家名为"第一荷兰麻将社会"的俱乐部以巴布考克传到西方的规则为基础,为早期的比赛制定了一系列规则。

2005年,荷兰麻将爱好者成立了"荷兰麻将协会",随后,欧洲各国麻将协会纷纷涌现,丹麦、法国、德国、匈牙利、意大利、荷兰等7国麻将协会在丹麦注册成立欧洲麻将协会,并于当年举办了第一届欧洲麻将锦标赛。该协会致力于在欧洲推广麻将,还编写了长达40多页的麻将规则教程,详细介绍了和牌的情况,从88番和到最小的1番和,再加上将比赛时的出牌时间限定在10秒内,扩大

中国民俗

了中国麻将在欧洲国家的影响。

中国的象棋、围棋和麻将是中国文化的重要载体，也是中国人弃卒保帅的勇于自我牺牲精神、有舍有得的得失文化和天时地利人和的和谐精神的淋漓尽致的体现。

第六章
中国婚俗你了解吗？

中国民俗

俗话说"婚姻是终身大事",婚姻的缔结不仅对个人意义非凡,也会影响整个人类社会的发展。作为规范婚姻缔结形式的婚俗,它能折射出一个民族的风俗风貌和民族特征,更是一个时代文化特征的直接反映。

一、中式婚礼应有哪些传统婚俗?

仪式感在如今年轻人的心中通常占有更加重要的地位,因此,每一对新人都希望自己的婚礼是独一无二的。古朴庄重、喜庆热烈的中式婚礼越来越受到年轻人的青睐。中国传统婚俗有哪些讲究呢?

(一)结婚为什么用的是"囍"字?

婚礼当天,到处喜气洋洋。人们常用红纸剪成"囍"字张贴在门上、墙上或者窗户上。其实,"囍"字就是将两个"喜"字重叠起来,就像男女两人并肩携手而立,意为双喜临门。据说这个习俗的形成与北宋王安石有关。

"囍"字

> **知识卡片6-1**
>
> ◎王安石
>
> 王安石(公元1021—1086年),字介甫,号半山。抚州临川(今江西省抚州市)人。中国北宋时期政治家、文学家、思

想家、改革家。庆历二年（1042年），王安石进士及第，历任扬州签判、鄞县知县、舒州通判等职，政绩显著。熙宁二年（公元1069年），被宋神宗升为参知政事，次年拜相，主持变法。因守旧派反对，熙宁七年（公元1074年）罢相。一年后，被神宗再次起用，旋即又罢相，退居江宁。元祐元年（公元1086年），保守派得势，新法皆废，王安石郁然病逝于钟山，享年六十六岁。累赠为太傅、舒王，谥号"文"，世称王文公。在文学上，王安石有突出成就，名列"唐宋八大家"；其诗"学杜得其瘦硬"，世称"王荆公体"；其词写物咏怀吊古，意境空阔苍茫，形象淡远纯朴，有《临川集》等著作存世。

相传王安石年轻时去京师汴梁赶考，住在舅父家。在附近的街上，他偶尔看到一户人家门楼上挂着一只走马灯，灯上写着半副对联："走马灯，灯马走，灯熄马停步。"原来这户人家有个才貌双全的女儿要招婿，小姐自己想出这半副联语来，谁能对上就和谁做夫妻。悬挂半年，还没有一个人能对上。王安石欣赏这联语构思巧妙，暗自爱慕上了制联人。因次日就要应试，便先回舅父家了。

考试中，王安石顺利闯过诗、赋、策论三关，没想到主考官还要考一次应对敏捷的面试。轮到王安石面试时，主考官手指衙门前竖立的飞虎旗，出了个下联："飞虎旗，旗虎飞，旗卷虎藏身。"要求王安石对出上联。王安石灵机一动，开口就把马家姑娘制的那半副联语当上联对了出来。考官大喜，连连颔首称赞。

王安石回来后，不等发榜，星夜兼程赶赴马家。那盏挑女婿的走马灯依然还在，王安石就用考官出的下联"飞虎旗，旗虎飞，旗卷虎藏身"应对马小姐的上联。马小姐说对得妙,这门婚事就成了。

结婚当天,刚拜过天地进入洞房,忽有两个报子来传:"王大人官星高照,金榜题名,明日请赴琼林御宴!"这可真是喜上添喜呀!乐不可支的王安石马上在红纸上挥笔写下两个连体的"喜"字贴在门上,再赋诗一首:"巧对联成双喜歌,走马飞虎结丝罗。洞房花烛题金榜,小登科遇大登科。"

从此,"囍"字流传开来,人们逢有新婚吉庆时,都爱在门户、厅堂和洞房器物上贴上红纸的双"喜"字,反映了人们盼望喜事成双来临,"囍"也成为汉族人一种吉祥欢庆的标志。

(二)"三书六礼"

"三书六礼"是旧时汉族婚姻习俗礼仪。"三书"指在"六礼"过程中所用的文书,包括聘书、礼书和迎书。"六礼"是指由求婚至完婚的整个结婚过程。"六礼"即六个礼法,指纳采、问名、纳吉、纳征、请期和亲迎。在六礼中,雁是重要的礼品,因为雁春去秋来,从不失信,比喻男女互守心约,坚贞不渝,也比喻长幼有序,不相逾越。

纳采,六礼中的第一礼,也就是男方请媒人到女方家提亲。《礼记·士昏礼》说:"昏礼下达,纳采用雁。"[①],雁代表了从一而终。当女家接受提亲后,男方正式向女方求婚时要用活的大

纳彩用雁

图源:电视剧《知否知否应是红肥绿瘦》第1集

---

① 朱彬.禮記訓纂[M].北京:中华书局,1996:877.

第六章 中国婚俗你了解吗？

雁作为礼物，称作"采择之礼"，这是婚姻程序的开始。

问名，是男方托付媒人询问女方的名字和八字。《仪礼·士昏礼》写道："宾执雁，请问名。"如果女方同意，男方占卜凶吉，八字相合则进行下一步。

知识卡片6-2

◎八字

八字也就是生辰八字，简称八字，是指一个人出生时的干支历日期；年月日时共四柱干支，每柱两字，合共八个字。生辰八字在汉族民俗信仰中占有重要地位，古代汉族星相家据此推算人的命运的好坏。要得到正确的出生时间，古代汉族人认为在白天以日晷仪测量最准。钟表时间是人为的平均时和地区标准时，必须依节气（太阳黄经）计算"真太阳时差"、依出生地计算"地方经度时差"，才能得到真正的出生天文时间。

纳吉，男方把占卜的好结果告诉女方，还会送雁或是金银首饰作为礼物，下定聘。

纳征，即是男方向女方家送聘礼，又称纳成、纳币。这里不用雁，一般用鸟兽，上古用全鹿，后代用首饰、细帛等都可作为财礼。纳征的礼仪是六礼中最为繁琐的。

请期，俗称"选日子"，男方选定婚期后，准备好礼物到女方家中，请求女方家庭的同意，同意后回去复命。

亲迎，也就是迎娶新娘。亲迎礼始于周代，一般是男方到女方

中国民俗

家中迎娶，历代沿袭这一习俗。到了清代，新郎披红戴花到女方家中，傧相引拜岳父母等亲戚，然后先回，新娘再由兄长用锦衾裹抱到轿子里，成"送亲"，新郎在家等候。到了男方家中，新郎和新娘要共鼎而食，将一瓠瓜分成两半，夫妇各执一半，斟酒而饮，称作"合卺"，这就是后世交杯酒的由来。在现代婚礼上，人们已不再用卺来盛酒，但继续采用以线连着的交杯酒，还是保留了夫妻"合二为一"的含义。

亲迎礼

图源：电视剧《知否知否应是红肥绿瘦》第41集

交杯酒

图源：电视剧《知否知否应是红肥绿瘦》第42集

156

第六章　中国婚俗你了解吗？

知识卡片6-3

◎ 卺与合卺

卺：一种瓠瓜，味苦不可食，俗称苦葫芦，多用来做瓢。在古代，结婚时人们用它作盛酒器；

合卺：始于周朝，为旧时汉族婚俗仪式之一。仪式中把一个匏瓜剖成两个瓢，而又以线连柄，新郎新娘各拿一瓢饮酒，同饮一卺，象征婚姻将两人连为一体。

合卺酒

图源：齐鲁卫视《中国礼 中国乐》
中华婚仪姿态万千

随着时代的发展，汉族婚礼大体上沿袭了"六礼"的过程。从"父母之命，媒妁之言"到追求自由恋爱，随着人们婚恋观念的转变，"六礼"已被现代人删繁就简，形成了一套新的"定亲—请期—迎亲成亲"婚俗习惯，纳采、问名、问吉、纳征不再作为单独的礼节，被合并到了定亲或者请期阶段。

（三）结婚当天为什么要闹洞房？

闹洞房又称"逗媳妇""吵房"，在迎亲的当天晚上进行。古人闹洞房，取辟邪驱恶之意，又有融洽新人关系、表达宾客祝福之愿。无论长辈、平辈、小辈，聚在新房中，祝贺新人，戏闹异常，多无禁忌，有"三日无大小""闹喜闹喜，越闹越喜"之说。

闹洞房习俗由来已久。一种说法认为起源于古人驱邪避灾的习俗。相传，很早以前紫微星一日下凡，在路上遇到一个披麻戴孝的女子，尾随在一伙迎亲队伍之后，他看出这是魔鬼在伺机作恶，于

中国民俗

是就跟踪到新郎家，只见那女人已先到了，并躲进洞房。当新郎、新娘拜完天地要进入洞房时，紫微星守着门不让进，说里面藏着魔鬼。众人请他指点除魔办法，他建议道："魔鬼最怕人多，人多势众，魔鬼就不敢行凶作恶了。"于是，新郎请客人们在洞房里嬉戏说笑，用笑声驱走邪鬼。果然，到了五更时分，魔鬼终于逃走了。可见，闹洞房一开始即被蒙上了驱邪避灾的色彩。

知识卡片6-4

◎紫微星

紫微星号称"斗数之主"。"紫"字是指紫微星垣，代称皇帝。古来的研究者都把紫微星当成"帝星"，所以命宫主星是紫微的人就是帝王之相。紫微星就是北极星，也是小熊座的主星，北斗七星则围绕着它四季旋转。如果把天比作一个漏斗，那么紫微星则是这个漏斗的顶尖。我们把这种命官主星是"被群星围绕的紫微星"的人称作紫微下凡的命。但是被围绕的范围有大有小。生在家为一家之主，生在国为一国之主。

另一种说法是闹洞房源于乾隆皇帝。传说清乾隆年间，国泰民安，到处是一片歌舞升平的景象。乾隆皇帝游性大作，一喜之下便游遍江南。一日，他微服出游来到一个小圩镇。正行走在街上，忽听得鼓乐声声，唢呐阵阵，他抬头一望，只见前面一队娶亲的人群，抬轿扛盒，甚是欢悦。他心中一惊："哎呀，今天这个日子是凶煞之日，为何这家却拣这个日子娶亲呢？"他睁目细看，只见新娘所坐的花轿后面跟着披麻煞、乌鸦煞、双鬼煞、重棺

158

第六章 中国婚俗你了解吗？

煞、七星煞、五伤煞、血光煞这七煞之凶。他想："不好，待我跟去看看。"

乾隆皇帝便跟着娶亲的人群来到了新郎家。一看，这是一个穷人家，他便有意上门去帮助新郎。乾隆皇帝包了一个红包，随同喝喜酒的人群来到厅堂坐下。酒席开始，大家见他是远路外来客，便推让他坐了上席。酒过数巡，大家欲散席，乾隆皇帝看看夜色将浓，又见七煞之凶仍在洞房旁边游游荡荡，心想必须赶走七煞之凶或者避开它，便说："诸位，按照我们家乡的习惯，喜宴之后还要在洞房乐一乐。"大家问他如何乐法，他说："在洞房内摆二张桌子，端上下酒菜及花生糖果之类，要新郎新娘来请我们吃。"众人一听，都齐声叫好。于是，在洞房摆上桌子果品之类，待众人坐下之后，乾隆皇帝说："新婚之喜，三天不分大小，大家尽可取乐。"

待到雄鸡一声报了头道晓，日子已转到第二天，那七煞之凶看看时辰已到第二天，再也无法进入洞房擒杀新郎新娘了，只得泱泱逃遁而去。乾隆皇帝看看七杀之凶全跑了，便叫众人齐出洞房，好让新人就寝。第二天太阳一出，乾隆皇帝就问这家娶亲的人："你家娶亲有否选日子？"回答说："选了。""那为什么选到这样一个肮脏的日子呢？""我们也不知道，是请那个算命先生选的。"于是乾隆皇帝找到那个算命先生，问他："黄道吉日有的是，你为何单拣这个凶煞之日呢？"算命先生说："这个日子虽是凶煞之日，可是主人家有福，自有文曲星来化解，当然选的。"乾隆皇帝觉得这个算命先生挺灵的，便赏了他几两银子。

后来乾隆皇帝洞房驱邪之事传了出去，人们为了保得新郎新娘

中国民俗

平安,也就每逢新婚花烛之夜都要"闹洞房"。直到今天,闹洞房驱邪的风俗在中国南北各地均有。

知识卡片6-5

◎乾隆帝

乾隆(公元1711—1799年),清朝第六位皇帝,定都北京之后的第四位皇帝。年号"乾隆",寓意"天道昌隆"。乾隆在位六十年,禅位后又继续训政,实际行使最高权力长达六十三年零四个月,是中国历史上实际执掌国家最高权力时间最长的皇帝,也是最长寿的皇帝。

乾隆帝在位期间,清朝达到了康乾盛世以来的最高峰,他在康熙、雍正两朝文治武功的基础上,进一步完成了多民族国家的统一,社会经济文化有了进一步发展。乾隆重视社会的稳定,关心百姓,五次普免天下钱粮,三免八省漕粮,减轻了农民的负担,保护农业生产,使得清朝国库日渐充盈。乾隆在平定边疆地区叛乱方面也做出了巨大成绩,并且完善了对西藏的统治,并再次将整个新疆纳入中国版图,清朝的版图由此达到最大化,近代中国的版图也由此正式奠定。乾隆帝在位期间,实行"因俗而治"的民族政策,汉学得到了很大的发展,开博学鸿词科,修《四库全书》;同时民间艺术有很大发展,如京剧就形成于乾隆年间。

(四)拜堂——拜天和地

拜堂是汉族婚姻旧俗,是婚礼过程中最重要的大礼。拜堂之后,即

第六章 中国婚俗你了解吗？

正式结为夫妻。因古代婚礼中的交拜礼都是在堂室举行，故又称拜天地、拜花堂、拜堂成亲。拜堂广泛流行于全国许多地区。

在南北朝时，夫妻对拜固定为婚姻礼仪。唐时"拜堂"一词正式出现，新婚之妇第二日见舅姑，俗名拜堂，与日后的拜天地不同；北宋时，新婚日先拜家庙，行合卺礼，次日五更，用一桌，盛镜台镜子于其上，望上展拜，谓之新妇展拜；至南宋，则改在新婚当天。坐富贵礼后，新婚夫妇牵巾到中堂先揭新娘盖头，然后"参拜堂，次诸家神及家庙，行参诸亲之礼"。后世一般在迎娶当天先拜天地，然后拜堂。宋以后，拜堂成为婚礼中最重要的大礼；清代和民国时均有将拜天地和拜祖先统称为拜堂礼之说。近代拜堂一般在婚礼当日的某一个时辰举行。

拜堂

拜高堂

新郎新娘拜堂时，一拜天地，天地是衣食父母，祈求风调雨顺，五谷丰登；二拜高堂，百善孝为先，应对父母怀有感恩之心；最后是夫妻对拜，彼此恩爱，白头到老，也是婚姻誓言。

夫妻对拜

拜堂的仪式沿续至今，由于保留有传统文化的浓厚色彩，所以在现代婚礼上备受人们的注目，依然是现代整个婚礼的核心场面。

（五）回门——不忘父母养育恩

回门又称归宁，是汉族传统婚俗，指女子出嫁后三、六、七、九、十日或满月首次回娘家探亲。新婚夫妇新婚的第三天后，回岳父母家，对于新娘来说，则是初为人妇后回到自己的娘家。

回门是新婚夫妇真正意义上第一次回娘家省亲，夫妇二人双双对对，参拜女方父母。这时的新郎见到岳父岳母，就应改口为爸爸、妈妈，是整个婚礼的正式收尾仪式，即让新娘父母看到二人婚姻美满之意。岳父家还要设宴款待新女婿，有的女方亲戚还要闹女婿。根据地域不同，回门必须带上礼品：有的地方是带一只公鸡，取"吉祥如意"之意；有的地方是带上些肉、鸡蛋、面等物；常见的还有带橘子、苹果、香蕉、酒等礼品。回门礼必须是双数，意为夫妻成双，百年好合，单数则不吉利。

近代通常在婚后第三天回门，又称"三朝回门"。新婚夫妇当日返回。现在，很多地方会选在婚后的第二天回门，然后当天返回。由于回门是新婚夫妇一起回门，也叫双回门，有成双成对的意义。

二、中国部分少数民族传统婚俗

（一）满族婚礼之"坐帐"

满族的婚礼虽有许多汉族婚俗的成分，但也保留了满族自己的传统，比如"坐帐"。

同汉族婚礼不同的是，满族人在拜完天地之后，并不是马上

"入洞房",而是进入事先在院中搭建的帐篷中。在新娘进入帐篷之前,新郎要先用马鞭、杆秤或拜杆将新娘头上的红盖头挑下来放在帐篷的顶上,接着新娘跨过门口的马鞍才能进入帐篷,有的地方新娘要踩着放在炕沿下的高粱口袋上炕进帐,叫做"步步登高",然后面向南边坐在下面放着一把斧头的坐垫上,就叫做"坐帐",也称为"坐福"。坐帐的时间较长,有的要坐一整天到天黑,中间不能下地走动。所以新娘在结婚前一天起,就不敢多吃稀的东西和喝水,以免坐帐时上厕所。后来坐帐的时间逐渐缩短,一般只是一两个小时。坐帐结束前,由女性长辈(多是娶亲、送亲太太)为新娘开脸、梳头。所谓"开脸",就是用细线将新娘脸上的汗毛绞掉,标志她已经正式成为已婚妇女。在此期间,新郎要一直站在帐篷外边守卫,不可离开,直到天黑。

夜幕降临后,新郎要背着行李围着帐篷绕圈,边绕圈边问新娘"留不留宿",直到新娘回答"留宿"才可以进帐篷。新郎进入帐篷后,便与新娘一起喝交杯酒、行合卺礼。

(二)朝鲜族之"奠雁礼""席宴礼"

朝鲜族的婚礼分为"女嫁"和"男娶"两个部分,通常是一天举行的。结婚当天,新郎带着"婚函"由傧相陪同前往新娘家迎娶。新郎一行到新娘家以后,由岳母接受"婚函"。然后,新郎在新娘家的男眷们的陪同下接受"大桌"。"大桌"上除各种佳肴外,有两样东西是必备的:一是叼着红辣椒或红枣的整鸡,另一样是埋着三个鸡蛋的一碗大米饭。鸡蛋是新郎必吃的食物,但只许吃两个,另一个则留给新娘。

2008年6月7日,经国务院批准,朝鲜族传统婚礼被列入第二

中国民俗

批国家级非物质文化遗产名录。

1. 奠雁礼——相亲相爱、白头到老

所谓奠雁礼，是说当新郎的迎亲队伍出发时，要有一名"雁夫"手捧红布包着的木雁走在迎亲队伍的最前面。到了新娘家后，新娘家会派人用盛放米或糕点的木盆将木雁接过去，并把新郎一行人让进被称为"全廊房"的内客房休息。到了吉时，新郎踩着米袋进入醮礼厅与新娘举行婚礼。醮礼厅又被称为"奠雁厅"，行礼用的长桌被称为"奠雁桌"。新婚夫妇互相行礼敬酒之后，新郎要把木雁捧放在奠雁桌上并面向北对其进行叩拜，然后新郎的岳母会用裙子兜着木雁来到洞房内，并将木雁掷到新人的炕上。如果木雁站立在炕上，他们便会认为新娘第一胎会生男孩，否则便认为会生女孩。这整个仪式过程，就称作"奠雁礼"。奠雁礼象征着新婚夫妇永远相爱，白头偕老。

奠雁礼之木雁

2. 席宴礼

席宴礼也叫喜宴礼。上炕前，新娘先站在外屋地上往炕里用力推动木雁。在"大桌"上摆满各种美味佳肴，最显眼的是嘴叼红辣椒昂首而卧的一只整公鸡。大公鸡象征着吉祥如意，辣椒的多子象征着子孙满堂。"大桌"上摆放酒食之后，新娘家的人先给新郎递"单子"。所谓"单子"是写有简单诗句的纸条，要求新郎赋诗和对，借以试探新郎的聪明才学。如果新郎和对不了，也可由"上宾"和对。吃"大桌"上的菜肴之前，新郎先提出把每样菜都拣出一些敬赠给自己的父母和近亲，谓之"打奉送包"。之后，新郎同陪坐的人

164

一起共餐"大桌"的菜肴。除"大桌"外,还要给新郎另上一个饭桌。新郎的饭碗里有3个剥了皮的熟鸡蛋,新郎不可全吃,需留一两个给新娘吃。当新娘在新郎家接受"在桌"后吃饭时,亦如此。

到夜晚入洞房时,把"大桌"上的果品菜肴拣出一两样给新郎新娘吃夜宵。吃罢夜宵,由新郎解开新娘的"簇头里"、"大发"和袄带。接着,用两手同时掐灭两根烛火,共枕入睡。

3. 后礼

后礼包括"于归"与"再行"。

新郎在新娘家举行婚礼并住了3天后,同新娘一起返回自己家里,谓之"于归"。这时新郎依然骑马,新娘则坐轿。新娘要携带一些礼物,以备到新郎家第二天举行"家宴"时,赠送给新郎的父母及近亲。陪同新娘前往的人叫"上宾",一般由新娘的父亲或叔父担任。新娘到新郎家后不举行婚礼,只接受"大桌"。"大桌"上的食物要原封不动地带回娘家,敬献给父母及亲眷。第二天早晨,新娘要亲自下厨点火做饭,借以显示炊事手艺。饭后举行"家宴",新郎新娘的父母及其他亲眷坐在一侧,新娘坐在另一侧。新娘在一名新郎家女眷的指点下向公公、婆婆和其他亲属一一敬酒并赠送衣料、布袜等礼物。

"再行"是新郎在自家住3天后,陪同新娘回娘家去拜访岳父母。此时,村里的小伙子们要对新郎"上刑",把新郎吊起来,用木棍抽打新郎的脚板,借以向新娘的父母索讨吃喝。新郎在新娘家住一两天后,同新娘一起返回新郎家里。至此,婚事完全结束。

(三)土家族——为什么要哭着出嫁?

结婚本是开心的事情,土家族女儿出嫁时却一定要哭,谓之哭

中国民俗

土家族哭嫁

图源：CCTV7《乡土》
哭比笑好的喜事

嫁。哭嫁有专门的"哭嫁歌"，是一门传统技艺。土家姑娘从十二三岁开始学习哭嫁。过去，不哭的姑娘不准出嫁；现在，仅在偏僻的山寨还有此习俗。土家族女儿出嫁时一定要会哭，谓之哭嫁，哭得动听、哭得感人的姑娘，人称聪明伶俐的好媳妇。

知识卡片6-6

◎《哭嫁歌》

《哭嫁歌》是土家族的习俗民歌。姑娘在出嫁前一个月里，要唱《哭嫁歌》，用歌声来诉说土家族妇女在封建买办婚姻制度下的不幸命运和对自己亲人的眷恋不舍之情。按照习俗，姑娘要哭唱七天到半月，最多的要哭唱一个月，直哭得声音嘶哑仍不停哭。

《哭嫁歌》的哭唱形式则是根据出嫁的进程来划分的，分为："一人哭唱""两人哭唱""哭团圆"三种形式。"一人哭唱"即姑娘哭诉自己的命运，哭唱祖宗和父母的养育恩情、兄嫂姐妹的情谊，以及哭诉封建婚姻和媒人的可恶可恨的欺骗行径等。"两人哭泣"称为"姊妹哭"，即由出嫁姑娘先哭唱，陪哭人在一旁劝慰哭唱，从句尾插入，两人哭唱一起一落（也有二人对着哭唱的），自然地形成模仿式多声部音乐。寨里的亲友每晚都要来陪哭，非亲非友的少女们也互相邀约，成群结队

第六章 中国婚俗你了解吗?

来"打坡"(土家语,即参加学哭嫁)。"哭团圆"又称"陪十姊妹",是土家族姑娘哭嫁的独特形式。新娘出嫁的头天晚上,爹娘邀请亲邻中的未婚姑娘9人,连同新娘共10人在新娘的闺房围席而坐,通宵歌唱,故称陪十姊妹歌。

古时,土家族的婚姻比较自由,只要男女双方愿意,并征得族中土老师(巫师,土家语为"梯玛")的准许,便可定亲、婚娶。随着封建礼教的发展,土家族的自由婚姻和其他民族一样,也逐渐被包办婚姻所替代,讲求"父母之命、媒妁之言"和"门当户对"等。与此同时,土家族姑娘对包办婚姻不满而衍生的哭嫁现象就逐步表现出来,并发展成内容丰富的文化现象。新中国成立后,包办婚姻的现象得到根本遏制。不管婚恋形式如何发展,土家族姑娘在出嫁前亦喜亦悲的挥泪恸哭却未改变。即使在民族交往频繁、文化渗透迅猛的今天,土家族姑娘在出嫁前也要向前来庆贺的亲朋好友献上一曲曲悲欢离合的哭嫁歌。

哭嫁是土家人婚礼的序曲,"不哭不热闹,不哭不好看"。亲朋好友前来送别,哭是一种友好,哭是一种礼貌。对于那些坐在家中不哭唱的,新娘会认为是瞧不起她而不高兴。

土家族的新娘一般在婚前一个月开始哭嫁,也有在出嫁前二三天或前一天开始哭的。娘家人边为她置办嫁妆,边倾诉离别之情。会哭的姑娘一个月内不哭重复,要哭祖先、哭爹妈、哭兄嫂、哭姐妹、哭媒人、哭自己。哭的形式是以歌代哭,以哭伴歌。歌词有传统模式的,也有聪明姑娘触景生情即兴创作的。土家族姑娘用"哭"这一形式倾诉心中的情感,当然,过去也有真伤心而哭的,多半是

狠心的媒婆乱点鸳鸯谱，害了姑娘的一生。

哭嫁的高潮是在新娘出嫁的日子。在出嫁的前一天，亲朋乡邻都前来祝贺和哭别。新娘家要邀请新娘九位最好的未婚女伴陪着新娘哭，称"十姊妹会"。这九位姑娘是陪哭的重要角色，因此无论她们家住远近，无论风雨阴晴，新娘家均要打轿派人去接。十姐妹聚齐后，新娘家将两张八仙桌拼在一起，摆在堂屋中间，比新娘年长的坐上方，与新娘年龄一般大的姑娘坐两旁，新娘坐在姑娘们中间。哭的内容主要是叙述姐妹友情，也有鼓励、劝慰的话语。哭到半夜，新娘家里摆上夜宵让十姐妹吃，新娘以此为题还要哭一段，以感谢九姐妹的相陪。在"父母之命、媒妁之言"的婚配年代里，媒人包办婚姻很普遍，因此新娘常会借哭嫁骂媒人，表达对旧式婚姻的不满。

土家族的姑娘出嫁之所以要哭，是因为在旧式婚姻制度下，女孩（尤其是劳苦家庭的女孩）是卖给夫家的，她们的身心受到极大伤害。因此，湘西等地的女孩在出嫁之前要哭泣，而哭嫁歌就是感情发泄的最好表现方式。

土家族的哭嫁分为真哭和假哭。真哭首先是因为土家族原来都是住在山里，交通不便，出嫁之后难得回家一次看望亲人；另外就是因为那时候很多的女孩靠媒婆介绍，对象都是未曾谋面，更不用说了解对方的性格等，女孩担心出嫁找的不是好对象而哭。假哭是有寓意的，当地土家族信奉神灵，出嫁前哭寓意将泪水哭干，出嫁后尽是幸福的日子，再也不用流泪。所以土家族哭嫁的阵容相当壮观，少则哭3天左右，普通的哭一周，厉害的哭一个月。一般是哭亲人、哭媒婆、哭天地等。

第六章 中国婚俗你了解吗？

（四）彝族——抢婚

彝族主要分布于云南省、四川省、贵州省和广西壮族自治区。彝族的婚恋奇特而有趣，举行过"换裙礼"的少女，方可在"玩场"中与心上人结交恋爱，男方示爱往往背篓好柴送女家，女孩则用自绣花腰带送情郎。传统婚俗主要有媒人说亲、吃酒定亲、让新娘挨饿、亲朋通宵哭嫁、向迎亲者泼水、抢新娘、背新娘、洞房搏斗等。2011年6月9日，四川省美姑县申报的婚俗（彝族传统婚俗）经国务院批准，被列入第三批国家级非物质文化遗产名录。

彝族人认为，抢婚是老祖宗传下来的一种习俗，是对女方家的一种尊重。抢，说明姑娘很受欢迎，并不是嫁不出去。抢婚，其实是男女双方情投意合、双方父母已经同意了这门亲事，媒人已经把事情说好了，抢只是婚嫁的一种表现形式。在云南西北地区，男方常常做两手准备：一边派人给女方家送彩礼，一边准备东西抢姑娘。女方家的人对此会以"暴力"方式进行阻止，但这

彝族抢婚

图源：CCTV7《乡土》
感受彝族古老婚俗

只是假打。在"打"抢婚人的同时，还要给这些人的脸上留下"记号"——把锅底灰抹到抢婚人的脸上。抢婚人的脸上被抹得满脸都是黑灰，众人见了都被逗得哄堂大笑。

有些地方，连抢婚的时间、地点都是事先约定好了的，比如云南南部地区，彝族姑娘在田里劳作、在河沟割草或者在打柴回家的路上就会被抢婚的人抢走了。姑娘被抢婚的人抢到之后，会被直接

领到男方家的堂屋。对彝族姑娘们来说，这是一个神圣的地方，因为按照彝族风俗，把人带到堂屋里，就算是有真正的婚姻关系了，再跑就没有意义了。不论用什么方式抢亲，只要姑娘到了男方家，就要按照彝族的风俗举行婚礼，宴请宾朋。

（五）回族——"星期五"的婚礼

回族婚俗，不但是穆斯林信众人生礼仪的一部分，也是多民族风俗结合的产物。回族老人常常把给儿子举行婚礼、完婚称为"卸担儿"，认为这是"终身大事"，也是老人的责任。回族青年男女结婚一般都选择星期五为婚期，因为回族习惯中认为这一天是吉利的日子。回族规定斋月期间不得举行婚礼。

1. 订婚

回族婚事先从订婚开始，媒人前往女家提亲，女家父母一般不表态，等到回族节日，男女双方及父母互相相看。如果相中，在下一个主麻日前，女方才收下媒人带来的男家送的茯茶等礼物。订婚这天，女家把男家送来的茯茶分成若干小块分送给亲友和邻里，并给未来女婿回送由姑娘亲手缝制的衣帽鞋袜等礼物。

按照习俗，订婚吉日大都选在主麻日（星期五）的夜晚。小伙子的家长在德高望重的长者与亲朋好友的陪同下，携带聘金、面条、槟榔、手镯以及糕点等礼品前往姑娘家，并由姑娘亲自接待和接受礼品。这就标志着男女双方情愿结为终身伴侣。

交完"女卡银"（彩礼）后，双方家长就商定完婚的良辰吉日。将槟榔馈赠左邻右舍与亲朋好友，便是向大众宣布婚事告成。女方将男方提供的"女卡银"作为添置嫁妆与举行婚礼之用。

婚礼亦选在主麻日举行。婚礼按照伊斯兰教仪式举行。前三天，双方家庭在房前的空敞平地上用帆布搭成大伞形临时栅屋，称之为"作锅"，意谓洗头。新娘要在是日挨家逐户邀请全乡的妇女（主要是年轻妇女）来她家洗头。

2. 婚前2天

男女双方得全身沐浴，俗称"大、小净"。同天下午，乡里男女青年分别宴请新郎、新娘（女请新娘、男请新郎），同时请本乡老妇为新娘梳妆打扮。晚上，新郎、新娘各在自家"迎宾堂"接待宾客，筵席排列成双，以示新婚成双成对。在宴席上，年青人尽情歌唱，直至深夜。这一天叫"阿斗格"。

3. 婚前1天

婚前1天，回族人称为"邀"。当天，新娘家宰牛屠羊，摆设餐席，招待前来贺喜的宾客。宾客按照习俗向新娘馈赠现金、日用品和厅堂摆设。晚上，新娘重新更装（大净）以示洁净无秽，热情邀请宾客喝茶和娱乐活动。

4. 婚礼当天

婚礼是在吉日凌晨举行，新郎家设餐会，招待宾客，送与槟榔。晨礼后，宾客进新郎家馈赠贺礼。餐会结束，由年轻朋友、新郎哥哥或叔舅组成迎亲队伍，前往迎亲。新娘头戴黑面纱，身穿结婚礼服，放声嚎哭，以对父老兄妹和亲朋好友表示惜别，随迎亲队伍来到新郎家。迎亲队伍回到家时，众人走出家门迎接。新娘在乡邻与亲友的拥簇中迈进婆家大门。接着便是新郎家人请阿訇主持婚礼仪式。

结婚仪式一般于晚上举行，堂屋里红烛高照，坐着双方父母、亲戚和宾客。婚礼由阿訇主持，他先问新郎新娘是否愿意结为夫妻，

中国民俗

当得到肯定的答复后，念《古兰经》中的"喜经"部分，接着抓起桌上的松子、瓜子、红枣之类撒向新郎新娘，并让新郎新娘用衣襟接住。喜果撒过后，阿訇又对新郎新娘进行训导性的讲话，教育新婚夫妇要尊敬父母，要互敬互爱，诚实勤劳，不做违法之事等，同时还讲述一些回族的礼俗、历史和美好的传统。婚礼结束时，在阿訇的主持下，大家一起感谢真主。

当晚，新郎以喜糖、喜茶、吉餐热情地招待所有的亲朋好友和邻里父老，人们亦相应地尽情献词、唱歌、做游戏，以祝贺婚礼成功，欢宴直至东方破晓才结束。婚礼结束，新郎家以茶点、糯米饭招待阿訇和宾客。

（六）哈萨克族——托依

哈萨克人的婚事从说亲到完婚要经过一系列的仪式，哈萨克族称为"托依"，主要有说亲、订婚、吉尔提斯礼、送彩礼、出嫁、迎亲等仪式。哈萨克人把结婚视为人生的头等大事，因此举行婚礼非常隆重，在这期间要举行赛马、叼羊、姑娘追、阿肯弹唱等活动。伊犁哈萨克族的婚礼有其独特的情趣，婚礼是在歌海中进行的。婚礼上的歌只有曲调，没有固定的歌词，即兴编唱。"姑娘追"是哈萨克族青年男女之间表达爱情的一种传统活动。活动开始时，姑娘和小伙子骑马并肩而行，小伙子可以向姑娘倾吐爱慕

哈萨克族"姑娘追"

图源：吉林省援疆工作前方指挥部、新疆阿勒泰地委宣传部微视频《金山遗珠：姑娘追》

之意、开玩笑,姑娘无论是否愿意,都不能生气,任由小伙子说。到了折回时,姑娘有权用鞭子抽打小伙子,小伙子只能逃不能还手。因此一到折回的路程时,小伙子就策马逃窜,姑娘在后面紧追不舍。如果姑娘对小伙子有意,她高高举起鞭子,轻轻落下,或者只是假装在小伙子头上晃动鞭子。如果姑娘对小伙子无意,那么小伙子就要挨上狠狠的几鞭子了。

知识卡片6-7

◎姑娘追

哈萨克语"克孜库瓦尔",即"姑娘追",是哈萨克族的马上体育、娱乐活动,多在婚礼、节日等喜庆之时举行。不同氏族部落或地区的男女青年交错组合,一男一女两人一组。活动开始,二人骑马并走向指定地点。去的时候,小伙子可以向姑娘逗趣、开各种玩笑,甚至可以接吻、拥抱,按习俗,怎么嬉闹逗趣都不为过,姑娘也不会生气。到达指定地点以后,小伙子立即纵马急驰往回返,姑娘则在后面紧追不舍,追上后便用马鞭在小伙子的头上频频挥绕,甚至可以抽打,以报复小伙子的调笑,小伙子不能还手。

"姑娘追"于2009年被列入联合国非物质文化遗产名录,于2021年被列入第五批国家级非物质文化遗产代表性项目名录。

哈萨克族十分重视女儿的出嫁。在举行出嫁仪式的前一天晚上,女方家宰杀准备好的羊只,招待宾客。然后开始对唱活动,对唱者一般是青年男女。这种场面非常热闹,有时通宵达旦歌唱不停。

中国民俗

举行婚礼的第一天,新郎和伴郎们穿戴一新,骑着骏马,簇拥着向女方家娶亲,这一行娶亲队伍边走边唱"萨仁"曲。听到歌声,新娘就坐进床上的帐幔里,并搭上红色盖头,哭起嫁来。同时伴娘们也头顶盖头团团围坐在床帐下的花毡上,准备对歌。当娶亲队伍来到新娘的毡房跟前时,女方的主人们立即把新娘的毡房一侧掀起个口,伴郎们就在开口处对着新娘的床幔欢唱"加尔"曲调的劝嫁歌。在哈萨

哈萨克族新郎迎亲

图源:央广网,哈萨克婚礼实景演艺现场,央广网记者罗成 摄

克婚俗中还有一个"登门"仪式,在女方家举行。登门时,未婚女婿和姑娘坐在帐篷中共同啃吃一块羊胸骨肉,因为骨肉相连,象征一对新人永远相亲相爱。

当伴郎们唱到这儿时,簇拥在新娘毡房前的老年长辈们就会不约而同地齐道"万福"。唱罢劝嫁歌,紧接着伴郎们和伴娘们对歌,对歌的形式多样,男女互相对唱,互相盘问,诙谐逗趣,一直到一方无歌以答,无词以对,才算对方赢了。上述对歌完毕后,新娘唱"森斯玛"(辞别歌),以哭嫁的形式辞别父母、家人。新娘唱罢歌曲后,由两位年轻媳妇搀扶新娘去父母兄弟姐妹跟前,一一施礼哭别,同时也以哭声向送行的众亲友告别,唱完"阿吾加尔闹尔斯"(哭别歌)这支歌后,哥哥或弟弟就将新娘扶上银鞍坐骑,缓缓送往婆家。

当送亲队伍来到婆家时,几位受尊敬的大娘把新娘搀扶下马,新人在亲戚、朋友、邻里的簇拥下举行结婚仪式。先是揭面纱,主

第六章 中国婚俗你了解吗？

持婚礼的人（一位能歌善言的年青人）腕缠五彩缤纷的布条，手执彩色马鞭，唱揭面纱仪式的开场白，歌词即兴而发，随编随唱，曲调欢快，词意含蓄、幽默、滑稽，营造热烈欢乐的气氛。然后，新娘在伴娘的陪同下进入公婆毡房，向公婆等行礼，并举行"拜火"仪式：新娘在两个妇女的搀扶下来到火堆前，一个妇女伸出双手在火焰上烤烤，在自己脸上虚擦，然后再伸进新娘的面纱里在新娘的脸上擦几下。这时，来参加婚礼的女人们祝颂"新婚幸福""让祖先的灵魂保佑新娘"等吉利的贺词。"拜火"仪式是哈萨克族在信仰伊斯兰教之前的拜火风俗的体现。

　　婚俗是社会生活的一面镜子，是一个民族特有的文化现象，体现了特定国家和民族的文化底蕴和悠久历史。婚俗不仅能让更多的人了解自己的文化习俗，也是对本民族文化的宣传和传承，增强了民族自豪感和文化自信。

参考文献

[1] 佘志超. 细说中国民俗（图文版）[M]. 北京：光明日报出版社，2009.

[2] 柯玲. 中国民俗文化[M]. 2版. 北京：北京大学出版社，2017.

[3] 陈勤建. 中国民俗学[M]. 上海：上海人民出版社，2017.

[4] 仲富兰. 中国民俗学通论（第1卷）：民俗文化论[M]. 上海：复旦大学出版社，2015.

[5] 黑格尔. 历史哲学[M]. 北京：商务印书馆，1973.

[6] 乌丙安. 中国民俗学[M]. 沈阳：辽宁大学出版社，1999.

[7] 司马迁. 史记[M]. 北京：中华书局，1982.

[8] 曹雪芹，高鹗著. 红楼梦[M]. 北京：中华书局，2014.

[9] 许慎. 说文解字[M]. 北京：中华书局，2020.

[10] 常敬宇. 汉语词汇文化[M]. 北京：北京大学出版社，2009.

[11] 朱谦之. 新编诸子集成：老子道德经注校释[M]. 北京：中华书局，2000.

[12] 黄寿祺，张善文. 周易译注（修订本）[M]. 上海：上海古籍出版社，2001.

[13] 朱熹撰. 周易本义[M]. 北京：中华书局，2009.

[14] 王安石. 周官新义[M]. 上海：上海书店出版社，2012.

[15] 朱彬. 禮記訓纂[M]. 北京：中华书局，1996.

[16] 李海龙.一书通识五千年中华民俗（图文典藏版）[M].北京：中国法制出版社，2019.

[17] 王丽娜.中国民俗文化（第一册）[M].北京：线装书局，2016.

[18] 萧放.岁时：传统中国民众的时间生活[M].北京：中华书局，2002.

[19] 陈玉新.中国人的传统节日[M].北京：化学工业出版社，2019.

[20] 何跃青.辉煌的中国：中国民俗文化[M].北京：外文出版社，2013.

[21] 李永梅.中国民俗文化典故（上）[M].天津：天津古籍出版社，2009.

[22] 李永梅.中国民俗文化典故（中）[M].天津：天津古籍出版社，2009.

[23] 李永梅.中国民俗文化典故（下）[M].天津：天津古籍出版社，2009.

[24] 徐忱著.婚丧杂谈[M].北京：中国文史出版社，2015.

[25] 翟文明.话说中国民俗[M].北京：北京联合出版社，2012.

[26] 邱丙军.中国人的二十四节气[M].北京：化学工业出版社，2020.

[27] 任崇喜.节气：中国人的光阴书[M].河南：河南大学出版社，2016.

[28] 薛富兴.酒文化:内涵、特征及反思[J].贵州大学学报（社会科学版），2021（4）：24-30.

[29] 王玉霞. 礼仪中的左右尊卑辨析[J]. 兰台世界，2010（1）：74-75.

[30] 王宇. 论多角度下的中国传统酒文化传承与发展[J]. 汉字文化，2021（14）：162-163.

[31] 赵建军. 生命活性：中国酒文化的逻辑本质[J]. 东方论坛：青岛大学学报（社会科学版），2021（4）：115-129.

[32] 李涛，邬志辉. 座次、身份认同与职业选择：中国西部底层乡校再生产的日常研究[J]. 社会科学，2017（9）：77-90.

[33] 张利娅，赵彦丽. 中西方文化中数字意义的简要对比[J]. 价值工程，2011（26）：299-300.

[34] 邓琬莹. 中西数字禁忌比较及其文化内涵探析[J]. 安徽文学，2017（2）：111-113.

[35] 戴婕，郭常亮. 吉祥数字:当代中国数字崇拜的文化解读[J]. 江西科技师范学院学报，2011（5）：73-76.

[36] 陶芸. 数字禁忌的文化内涵[J]. 江西社会科学，2013（7）：249-251.

[37] 范春文，王琼. 藏族传统数字文化探析[J]. 西藏大学学报(社会科学版)，2010（6）：63-69.

[38] 阮娟. 从数字"七"探究中西方文化差异[J]. 山西高等学校社会科学学报，2015（5）：120-122.

[39] 李文斌. 当代生活中的数字符号"8"与"4"及其文化含义[J]. 南平师专学报，2003（1）：162-163.

[40] 张宁. 数字"八"的文化涵义及二语习得的取舍[J]. 文学研究，2020（10）：49-50.

[41] 高旭. 数字"八"的文化内涵解析[J]. 安徽文学，2009（9）：85.

[42] 丁浴洋，李庄达. 数字"七"的文化意蕴探析[J]. 文化创新比较研究，2020（22）：142-145.

[43] 徐梁峰. 数字"七"在东西方文化中的差异[J]. 辽宁行政学院学报，2010（10）：138-139.

[44] 马黎. 维汉数字文化差异对比[J]. 长春教育学院学报，2012（6）：27-28.

[45] 刘代琼. 文化空缺视角下藏英数字文化之暗合与差异：以"三"、"五"、"七"、"十三"为例[J]. 贵州民族研究，2015（12）：127-131.

[46] 温旭，倪黎. 西方数字文化霸权对大学生价值观影响研究[J]. 当代青年研究，2021（2）：101-107.

[47] 陈琳莉. 英汉习语中数字"三"的民俗文化内涵比较[J]. 云南电大学报，2012（1）：32-35.

[48] 林婷. 中西方的数字文化观比较[J]. 新西部，2012（2）：244，248.

[49] 白春阳，郭运瑞. 中西方数字文化差异[J]. 河南科技学院学报，2010（11）：50-53.

[50] 张雪莲. 中西数字禁忌差异及其文化溯源[J]. 铜陵学院学报，2010（3）：86-87.

[51] 乌丙安. 中国春节：祭典与庆典严密组合的传统行事[J]. 江西社会科学，2011（1）：18-22.

[52] 朱彤. 20世纪对西方占星术的科学检验[J]. 自然辩证法研究，

2005（8）：21-24.

[53] 黄景春. 增福财神的信仰历史与当下现状[J]. 民俗研究，2020（3）：89-97.

[54] 曹容. 中西数字的文化观比较[J]. 四川理下学院学报(社会科学版)，2006（1）：101-104.

[55] 乌丙安. 文化记忆与文化反思：抢救端午节原文化形态[J]. 西北民族研究，2005（8）：77-80.

[56] 张君."星座迷恋"文化现象探析[J]. 广西大学报(哲学社会科学版)，2008（增）：276-277.

[57] 郑艳. 二十四节气探源[J]. 民间文化论坛，2017（1）：5-12.

[58] 隋斌，张建军. 二十四节气的内涵、价值及传承发展[J]. 中国农史，2020（6）：111-117.

[59] 周红. 二十四节气民俗文化特征[J]. 沈阳师范大学学报（社会科学版），2015（3）：145-147.

[60] 吴彬瑛. 二十四节气民俗文化特征研究[J]. 文化创新比较研究，2019（29）：36-37.

[61] 胡燕，张逸鑫，严昊. 二十四节气农耕民俗的误读与认知[J]. 中国农史，2017（6）：34-40.

[62] 萧放. 二十四节气与民俗[J]. 装饰，2015（4）：12-17.

[63] 刘宗迪. 二十四节气制度的历史及其现代传承[J]. 文化遗产，2017（2）：12-14.

[64] 王加华. 节点性与生活化：作为民俗系统的二十四节气[J]. 文化遗产，2017（2）：15-21.

[65] 梁天秦. 跨文化视域下中国生肖与西方星座文化对比研究[J].

现代交际，2019（8）：68-69.

[66] 曾一果. 网络社会的"新俗信"：后亚文化视角下的"星座控"[J]. 西北师大学报（社会科学版），2020（4）：20-28.

[67] 韩晓时. 相信科学把握命运：解读"星座"俗信现象[J]. 理论界，2010（6）：170-171.

[68] 颜欢，曾一果. 新媒体时代的"星座文化热"现象解读[J]. 浙江传媒学院学报，2015（6）：16-23.

[69] 楚愜，楚天遂. 楚河汉界与象棋文化[J]. 郑州师范教育，2017（5）：85-87.

[70] 邢金善. 传统象棋文化与全民健身[J]. 体育文化导刊，2016（6）：61-64.

[71] 杜维超. 从围棋文化看中国传统伦理中的儒道分野[J]. 长治学院学报，2011（6）：16-19.

[72] 陈长荣. 论围棋文化与中国智慧[J]. 苏州大学学报（哲学社会科学版），1990（2）：7-17.

[73] 沈旭. 论中国象棋"将"功能转变的文化内涵[J]. 开封文化艺术职业学院学报，2020（8）：1-2.

[74] 刘雅. 文化命运的关注与思考：《棋王》与《象棋的故事》[J]. 长沙航空职业技术学院学报，2020（1）：111-115.

[75] 李志杰，刘斌. 中日围棋文化之比较[J]. 周口师范学院学报，2002（5）：102-104.